Von Domenica ist außerdem erschienen:

Körper mit Seele (Band 75062)

Vollständige Taschenbuchausgabe März 1997
Dieses Taschenbuch ist auch unter der Bandnummer 03994 erhältlich.
Copyright © 1989 Droemersche Verlagsanstalt Th. Knaur Nachf.,
München
Copyright © 1989 Domenica Niehoff und AVA - Autoren- und
Verlagsagentur GmbH, München-Breitbrunn
Das Werk einschließlich aller seiner Teile ist urheberrechtlich geschützt.
Jede Verwertung außerhalb der engen Grenzen des Urheberrechtsgesetzes ist ohne Zustimmung des Verlages unzulässig und strafbar. Das gilt
insbesondere für Vervielfältigungen, Übersetzungen, Mikroverfilmungen
und die Einspeicherung und Verarbeitung in elektronischen Systemen.
Umschlaggestaltung: Angela Dobrick, Hamburg
Satz: MPM, Wasserburg
Druck und Bindung: Ebner Ulm
Printed in Germany
ISBN 3-426-77295-7

2 4 5 3 1

Domenicas Kopfkissenbuch

INHALT

VORWORT
Um gleich die Fronten zu klären 7

I EIN KAPITEL FÜR SICH:
Was Männer bei Huren suchen... und finden ... 11

II LEKTION NR. 1
Lernen Sie, sich selbst zu lieben 15

III LEKTION NR. 2
Die Stimme sorgt für Stimmung —
und *was* Sie sagen, erst recht 26

IV LEKTION NR. 3
Vier Männertypen, die uns besuchen — darunter
einer, von dem jede Frau Geld nehmen sollte ... 37

V LEKTION NR. 4
Vom Umgang mit problematischen Liebhabern:
zu uneinfühlsam, zu schnell, zu ungeschlacht ... 43

VI EIN KAPITEL FÜR SICH:
Die Mär vom immer müden Mann 46

VII LEKTION NR. 5
Für Härtefälle: Es hilft nichts —
Sie *müssen* lernen, sich selbst zu lieben! 50

VIII LEKTION NR. 6
Rücken Sie sich ins rechte Licht 54

IX LEKTION NR. 7
Drunter und drüber ist ja ganz nett —
aber durchaus nicht alles 59

X LEKTION NR. 8
Aphrodisiaka: Was Männer *wirklich* anmacht ... 69

XI LEKTION NR. 9
Bleiben Sie am Ball — wenn einer von Ihnen
allein unterwegs ist 77

XII **LEKTION NR. 10**
Bleiben Sie auf dem Teppich 83
XIII **LEKTION NR. 11**
Der Männer häufigster Wunsch:
»Machen wir's mündlich«..................... 90
XIV **EIN KAPITEL FÜR SICH:**
Alkohol und Drogen als sexuelle Stimulanzien .. 99
XV **NOCH EIN KAPITEL FÜR SICH:**
Wenn er — trotz allem — nicht kann 103
XVI **LEKTION NR. 12**
Wie Sie erfahren können, welche speziellen
sexuellen Neigungen er hat — vorausgesetzt, Sie
glauben, damit leben zu können 110
XVII **WICHTIG, WICHTIG, WICHTIG:**
Was Sie *nie und nimmer* und *unter keinen
Umständen* tun sollten 117
XVIII **LEKTION NR. 13**
Vom Schulmädchen bis zur Tante —
so schlüpfen Sie in *jede* Haut 121
XIX **EIN KAPITEL FÜR SICH:**
Drei, vier, viele — Gruppensex-Spiele 139
XX **EIN KAPITEL FÜR SICH:**
Bi-Sexualität 144
XXI **LEKTION NR. 14**
Der Gebrauch von Kondomen 148
XXII **LEKTION NR. 15**
Er *liebt* es, von Ihnen gefesselt zu werden 153
XXIII **EIN KAPITEL FÜR SICH:**
Er *braucht* es, von Ihnen gefesselt zu werden 160
XXIV **DAS LETZTE (?)**
Analverkehr bis Wasserspiele 170

NACHWORT
Um die Fronten endgültig zu klären 187

VORWORT

Um gleich die Fronten zu klären

Aller Wahrscheinlichkeit nach wissen Sie es bereits — wenn nicht, sage ich es Ihnen hiermit:
Sie und ich leben in verschiedenen Welten. *Sie* sind eine »solide« Frau. *Ich* bin eine Hure — oder Prostituierte, wenn Ihnen diese Bezeichnung besser gefällt. Aber keine Nutte. Diesen Begriff lehne ich einfach ab.
Wie ich dazu gekommen bin?
Das ist eine lange Geschichte. Vielleicht erzähle ich Sie Ihnen später einmal, wenn ich alt und grau bin.
Hier und heute will ich Ihnen etwas ganz anderes verraten. Tips und Tricks aus meinem Erfahrungsschatz.
Damit *Sie* sich nicht länger den Kopf darüber zerbrechen müssen, ob Ihr Mann vielleicht einer anderen Frau in die Arme fallen könnte. Und was alles passieren würde, wenn...
Um Sie nicht lange auf die Folter zu spannen:
Nichts passiert ihm bei mir, was ihm nicht auch *bei Ihnen* passieren könnte — vorausgesetzt, Sie lassen es zu.
Was es, eventuell, zuzulassen gäbe, erfahren Sie auf den nächsten Seiten. Was ich selbst zulasse und was nicht, erfahren Sie auch:
Allein die Tatsache, daß ich tagtäglich meinen Körper vermiete, bedeutet noch lange nicht, daß ich mich mit Haut und Haaren verkaufe!
Das tut keine von uns; jede Hure hat ihren eigenen Ehren- und Moralkodex — wie andere Menschen auch.
Um von Anfang an keine Mißverständnisse aufkommen zu las-

sen: Wenn ich von »Huren« oder »Kolleginnen« rede, dann meine ich die Frauen aus Hamburgs Herbertstraße — oder jedem Äquivalent (wobei »Herbertstraße« an dieser und jeder weiteren Stelle dieses Buches als Synonym für »Bordell« steht).

Wen ich *nicht* mit »Kolleginnen« meine, sind die »Beschaffungshuren«, die ihren Körper und sämtliche Dienste zu Schrottpreisen verscherbeln. Und die sogar dem Teufel ihre Seele verkaufen würden — vorausgesetzt, er entlohne sie dafür gerade gut genug, daß sie sich einen weiteren »Schuß« setzen könnten. Mit dieser Art von Prostituierten haben wir Frauen in der Herbertstraße nichts gemein.

Hamburgs Herbertstraße.
Sie besteht aus 19 Häusern, verteilt auf zirka 1000 Meter.
In jedem Haus arbeiten bis zu zehn Frauen in zwei Schichten.
Rund um die Uhr.
»Soliden« Frauen ist der Gang durch die Herbertstraße seit Jahren nicht mehr gestattet. Eisentore versperren ihnen an beiden Straßenenden den Weg.
Es genügt uns, die oft geringschätzigen Blicke und dreisten Bemerkungen mancher Männer ertragen zu müssen. Da brauchen wir nicht auch noch verächtliche Blicke von Frauen.
Sollten Sie jetzt wissen wollen, warum ich diesen Beruf überhaupt ausübe: weil ich das, was er erfordert, am besten kann. Und weil es mich mit Stolz erfüllt, noch eine der letzten echten Huren zu sein. Die meisten Frauen, die heute in diesem Metier arbeiten, verdienen ihren Lebensunterhalt als »Stiefelfrau« — das ist eine völlig andere Sparte. Eine Sparte allerdings, die von den Männern immer mehr verlangt wird. Alles darüber lesen Sie in Kapitel XXIII.
Im Klartext: Zu mir kommt der ganz normale Mann. Der Mann, der *Ihrer* sein könnte — oder sogar ist.
Und der genausogut — wenn nicht viel lieber — bei *Ihnen* blei-

ben würde, hätten Sie auch nur die geringste Ahnung, *was* er in der Sexualität mit Ihnen vielleicht vermißt.

Und genau das ist es, was ich Ihnen in diesem Buch verraten werde. Wovon Männer träumen — und wie Sie die Sexualität in Ihrer Beziehung wieder aufleben lassen können, selbst — nein *gerade* — nach 10, 15, 20 Ehejahren.

Wenn Sie also wissen wollen, was Sache ist, dann blättern Sie ganz schnell weiter.

Vor allem aber: Lassen Sie dieses Buch nicht gleich vor Schreck aus der Hand fallen, wenn ich irgendein Thema anspreche, das nicht in Ihre Moralvorstellungen paßt.

Im Klartext: Ein Puff ist kein Kindergarten. Entscheiden Sie sich also besser jetzt, ob Sie weiterlesen oder nicht. Denn so blauäugig, wie Sie vielleicht jetzt noch sind, werden Sie nach dieser Lektüre bestimmt *nicht* mehr sein. Und sagen Sie bloß nicht, ich hätte Sie nicht gewarnt!

Entweder also Augen zu und weg mit dem Buch; oder Augen auf — und durch! Sie werden es schon überleben!

In diesem Sinne!

Ihre
Domenica

Kapitel I

EIN KAPITEL FÜR SICH:

Was Männer bei Huren suchen ...und finden

Fangen wir am besten gleich mit der Antwort auf die Frage an, die Sie gewiß am brennendsten interessiert:
Was, um Himmels willen, suchen Männer eigentlich im Puff?
Was fasziniert sie so an Sex, der anonym und ohne jede seelische Gefühlsregung abläuft?
Sex, den sie minutenweise — und das nicht selten teuer — bezahlen?
Nun gut, ich will es Ihnen sagen:

Alle, wirklich alle der Männer, die zu uns kommen, hoffen darauf, bei uns etwas zu finden, was sie zu Hause nicht bekommen — oder zu Hause gar nicht bekommen *wollen*.
Daß so mancher Mann bestimmte Wünsche bei seiner eigenen Frau nicht zu äußern wagt, liegt oft weniger an seiner Partnerin, als vielmehr an seiner eigenen Verkorkstheit.
So klischeehaft es sich anhört: Viele Männer leiden tatsächlich auch heute noch an dem sogenannten »Heilige-Hure-Syndrom«. Und das auf dreierlei Weise.

Der erste Grund: *Ihrer* Frau, so sagen sie sich, können sie »solche Ferkeleien« nicht zumuten — wobei sie es oft schon als »Ferkelei« betrachten, in einer Liebesnacht das Licht anzulassen. *Ihre* Frau, sagen sie sich, soll »sauber« bleiben — Sex, den sie im Grund ihres Herzens als »schmutzig« erachten, ist ihnen nur mit einer »verdorbenen« Frau, einer Hure, möglich.

Der zweite Grund: *Ihre* Frau — die in den meisten Fällen zugleich die Mutter ihrer Kinder ist — können sie sich als »rein sexuelles Wesen« gar nicht vorstellen — und das probieren sie auch gar nicht erst. Was wiederum ebenfalls zweierlei Gründe hat.

Erstens: Ihre Frau ist für sie diejenige, die sie pflegt, wenn sie krank sind, die den Kindern die Nase putzt und deren Schulaufgaben beaufsichtigt, die der Familie das Essen kocht, die Wäsche wäscht und bügelt. Sich diese Frau auch noch als wildes Bettkätzchen vorzustellen, dazu langt die Phantasie vieler Männer ganz einfach nicht.

Zweitens: Allein der Gedanke daran, daß *ihre* Frau sich als ungehemmte Bettgespielin erweisen könnte, treibt ihnen Perlen von Angstschweiß auf die Stirn. Denn dann käme sie ja einer Hure gleich — und wer weiß, ob sie nicht eines Tages einen Rappel kriegen und all die »schmutzigen« Dinge mit einem anderen ausprobieren möchte? Schlimmer noch: mit einem, der sogar »besser im Bett« sein könnte, als sie?

Der dritte Grund, aus dem Männer ihre eigenen Frauen nicht in die Umsetzung ihrer sexuellen Phantasien einbeziehen mögen, ist der einzige für mich akzeptable. Und das ist der, daß ihre Phantasien weniger um die Frau, als vielmehr um einen Fetisch kreisen — oder Schmerz, der ihnen zugefügt wird. Diese Männer gehen zu einer »Stiefelfrau«, die ich Ihnen in Kapitel XXIII gesondert vorstellen werde.

Wenn ich die Haltung dieser Männer verständlich finde, geben Sie mir sicher recht: Wer darf schon zugeben, daß nicht die Frau, sondern deren Schuh oder Handschuh das eigentliche Objekt seiner Lust ist? Wer kann schon wagen, seiner Frau zu sagen: »Liebling, ich möchte gerne Frauenkleider anziehen«? Und wer wollte gar riskieren seine Frau zu verlieren, weil er

ihr gestanden hat, daß er allein aus tiefsten Demütigungen und/oder massivem Schmerz den höchsten Lustgewinn erzielt?
Das ist also die eine Sorte Männer, die zu uns kommt: die, die gewaltige Probleme mit sich selbst haben.

Die andere Kategorie Männer wiederum landet bei uns, weil diese Männer entweder keine Frau haben — oder aber eine, deren Vorstellung von Sexualität der »männlichen« nicht entspricht.
Der Wunsch, der beispielsweise bei uns mit Abstand am häufigsten geäußert wird, ist der nach »Französisch« (Oralverkehr) — und zwar Fellatio und Cunnilingus (die Stimulierung der männlichen Genitalien/der weiblichen Genitalien mit Mund und Zunge) gleichermaßen!
Das heißt im Klartext: Ein Großteil der Frauen hat nicht nur Probleme, Fellatio auszuüben, sondern hat auch Probleme damit, ihrem Mann den Cunnilingus zu gestatten — obwohl beides äußerst harmlose Varianten des Liebesspiels sind, denen ich im Verlauf dieses Buches ein eigenes Kapitel widmen werde.
Wonach Männer sich ebenfalls sehnen, ist: nicht immer der *aktive* Teil sein zu müssen. Auch diese Sehnsucht ist übrigens zwiegespalten.
Die einen wünschen sich, von einer Frau so sehr begehrt zu werden, daß die Frau das Kommando übernimmt.
Die anderen wünschen sich schlicht und ergreifend, rundherum passiv sein zu dürfen. Wie im STERN vom 1. Juni 1989 zu lesen war, formulierte der englische Schriftsteller Graham Greene dieses Bedürfnis in seinen Tagebuchaufzeichnungen folgendermaßen:
»Der Job einer Prostituierten ist es, zu befriedigen. Eine Geliebte dagegen muß befriedigt werden. Es spricht also einiges für Affären mit bezahlten Gefährtinnen.«

Daß bei alledem das Licht anbleibt, versteht sich wohl von selbst. Bei uns jedenfalls — zu Hause häufig nicht.
Und damit wäre ich eigentlich schon mitten im Thema — nämlich wo Sie anfangen müssen, etwas zu verändern, wenn Ihr Mann in Ihrem statt in fremden Betten herumtollen soll: bei sich selbst.

Kapitel II

LEKTION NR. 1

Lernen Sie, sich selbst zu lieben

Was ist es, was Männer an Frauen am meisten lieben? Ist es der Busen, der Po, sind es die Beine?
Sie werden lachen: weder — noch!
Aus meiner langjährigen Erfahrung mit Männern gebe ich Ihnen Brief und Siegel, daß es den Männern völlig unwichtig ist, ob eine Frau auf den Hüften — oder sonstwo — ein paar Pfund mehr oder weniger hat.
Wenn Sie mit mir durch Hamburgs Herbertstraße gehen könnten, würden Sie sich wundern, was für unterschiedliche Frauen dort in den Fenstern sitzen:
Manche sind gerade eben volljährig geworden, andere haben ihren 60. Geburtstag bereits hinter sich. Manche sind schlank und rank, andere weisen — wie ich — gewaltige Rundungen auf. Manche tragen einen wuscheligen Kurzhaarschnitt, andere ihr Haar bis zur Taille. Manche sind derart bildhübsch, daß Sie vor Neid erblassen könnten, andere wirken auf den ersten Blick so unscheinbar, daß Sie sie kaum wahrnehmen würden, träfen Sie sie im Supermarkt.
Und jede von ihnen — ob jung, ob alt; ob dünn, ob dick —, jede von ihnen verdient ihr Geld, und die auffallend Hübsche nicht einmal unbedingt viel mehr als die Unscheinbare.
Was also ist das Geheimnis der Frauen, das sie für Männer attraktiv, sexy, begehrenswert macht?

Ganz einfach: Frauen, die die größten Chancen bei Männern haben, mögen sich so, wie sie sind.
Wenn sie klein, pummelig und brünett sind, sagen sie sich: Das Beste, was mir passieren konnte, ist klein, pummelig und brünett zu sein — anstatt davon zu träumen, groß, gertenschlank und blond zu sein.
Das Geheimnis hinter dem Geheimnis wiederum ist: Dadurch, daß diese Frauen sich schön fühlen und schön finden, sind sie völlig ungehemmt. Kurzum:
Es ist den Männern völlig schnuppe, ob eine Frau einen Bauch oder pralle Oberschenkel hat. Es ist ihnen egal, ob sie ein Stupsnäschen oder eine lange Nase hat. Ob sie feuerrotes Haar und Sommersprossen oder blonde Kringellöckchen und einen Teint wie Elfenbein hat. Ob ihre Hände breit oder schmal sind, ob sie eine Wespentaille hat oder gar keine, Schwangerschaftsstreifen oder eine Haut wie Samt und Seide. Ob sie Zähne wie Perlen, Jacketkronen oder schiefe Zähne hat, ob sie nachts das Gebiß rausnehmen muß. Ob sie abstehende oder eng anliegende Ohren hat. Selbst ein paar Pickel werden kaum als störend empfunden. *Nicht gleichgültig* ist es den Männern jedoch, ob eine Frau verklemmt ist — oder nicht.
Sie glauben, was ich Ihnen hier erzähle, habe vielleicht für mein Metier, nicht aber für Ihr Privatleben Gültigkeit?
Da täuschen Sie sich gewaltig!
Erinnern Sie sich noch an das englische Fotomodell Twiggy, das als die »Bohnenstange« berühmt — und sehr, sehr reich! — wurde? Und denken Sie nur an Liz Taylor: ob schlank oder mollig — eine Frau, die Männerherzen höher und schneller schlagen läßt, ist sie immer. Egal, wie viele oder wie wenige Pfunde sie gerade auf die Waage bringt. Nicht einmal ihre Alkohol- oder Drogenprobleme stießen die Männer ab.
Schönheit (selbst plus Ruhm plus Geld) ist auch wiederum kein Garant für Glück in der Liebe. Denken Sie nur an Marilyn Monroe, Brigitte Bardot, Romy Schneider...

Der langen Rede kurzer Sinn: Vergessen Sie, was Sie in punkto »Schönheitsideal« im Hinterkopf haben — zumal es sich unablässig wandelt. In der Spätgotik galten Frauen mit schmalen Schultern und mädchenhaften Brüsten als sexy — solange sie einen Bauch vorweisen konnten. Die Schönheitsköniginnen der Renaissance waren wohlgenährt und kräftig, und außerordentlich üppig liebten die Männer des Barock ihre Frauen. Besorgen Sie sich mal einen Kunstband und betrachten Sie in aller Ruhe Rubens' Bilder: Bauch, Schenkel, Hüften — bis auf einen ausladenden Busen ist an diesen Frauen wirklich alles dicke dran.
Im 17. Jahrhundert war dann plötzlich die Taille in ... die allerdings erst durch pralle Hüften und einen drallen Hintern richtig zur Geltung kam. Velazquez' »Venus mit Spiegel« wurde als besonders erotisch gepriesen.
Um die Jahrhundertwende galt es als besonders sexy, einen runden Po zu haben, und die Pin-up-Girls der 50er Jahre hatten vollbusig zu sein. Abgelöst wurde dieses Schönheitsideal von knabenhaften Wesen, an denen gar nichts mehr dran war. Und auch heute noch spukt in den Köpfen der meisten Frauen herum: nur schlank, schlanker, am schlankesten ist schön.
So ein Quatsch, kann ich da nur sagen — und ich verspreche Ihnen eins:
Wenn der Richtige kommt, will er nur *Ihre* Beine — selbst wenn sie — Ihrer Meinung nach — zu kurz und die Oberschenkel zu füllig geraten sind.
Und davon einmal ganz abgesehen: Einen Mann, der Sie lediglich nach Ihren (zu dicken) Beinen, Ihrem (nicht vorhandenen) Busen und (zu flach geratenen) Po beurteilt, können Sie von vornherein streichen! Was wollen Sie mit einem, der Ihnen nur Komplexe einimpft — dafür aber völlig kritiklos ist, wenn er sich selbst im Spiegel betrachtet:
Da steht er, auf seinen kurzen Beinen — und wagt es, vorwurfsvoll auf Ihre zu schauen und in (lauten!) Gedanken an die Beine der Nachbarin in Verzückung zu geraten.

Da steht er, mit seinen drei letzten Haaren — und erdreistet sich, Ihnen zu erklären, daß Ihr Kurzhaarschnitt alles andere als sexy sei (wo er doch genau weiß, daß mit Ihrem Haar nun mal nichts Vernünftiges anzufangen ist).

Da steht er, mit seinem Bierbauch — und erklärt Ihnen mit tödlicher Ernsthaftigkeit, Sie sollten sich einer Diät unterziehen (weil Sie Ihr neues Kostüm in Größe 40 gekauft haben und nicht, wie zuvor, in Größe 38).

Da steht er, mit seinem flachen Hintern — und leistet sich tatsächlich die Unverschämtheit zu sagen, Jeans stünden Ihnen nicht. Weil Sie nicht »den Arsch« dafür hätten.

Da steht er, der beileibe kein Adonis ist, und versucht, Ihnen Komplexe einzujagen. Das darf doch wohl nicht wahr sein!

Alles gut und schön, sagen Sie, aber das einzig Beachtliche an Ihnen sei tatsächlich der Busen — und das auch nur aus dem einen Grund: weil er zu groß geraten ist!

Hervorragend! Denn mit diesem Einwand sind wir mitten im Thema:

Jede Frau — und damit meine ich absolut *jede!* — hat alles, was sie braucht, um es in bezug auf Männer auszuspielen. Nämlich:

★ Busen
★ Po
★ Beine
★ Füße
★ Hände
★ Augen
★ Lippen
★ Stimme.

Nutzen Sie alles!

Glauben Sie mir: Es ist absolut Wurscht, ob

★ Ihr Busen zu klein,
★ Ihr Po zu flach,
★ Ihre Beine zu kurz,

★ Ihre Füße zu plump,
★ Ihre Finger zu dick,
★ Ihre Augen zu weit auseinander,
★ Ihre Lippen zu schmal,
★ Ihre Stimme zu hoch

geraten sind! Denn was einzig und allein zählt, ist, *wie Sie sie verkaufen!*

Jawohl, verkaufen — auch wenn Sie nicht, wie wir, Geld dafür nehmen!

»Verkaufen« tun Sie sich am besten, indem Sie Ihre gesamte Energie darauf verwenden, Ihre Vorzüge zu kultivieren — und das, was Sie an sich selbst für negativ halten, positiv umfunktionieren:

Ihr Busen ist zu groß?

Toll! Denn »zu groß« kann er gar nicht sein — und Sie wissen, ich weiß, wovon ich rede!

Anstatt also über meine riesigen Brüste zu lamentieren, setze ich sie beim Liebesspiel geschickt ein: Ich lege dem Mann, mit dem ich zusammen bin, meinen Busen aufs Gesicht — von solchen Massen läßt er sich gern erdrücken. Ich nehme den Penis meines »Gastes« zwischen meine Brüste — presse sie dann fest zusammen und bewege sie langsam auf und nieder...

Seien wir doch mal realistisch: Einer der Gründe, aus denen ein Gast sich für mich entscheidet, ist die Tatsache, daß ich riesige Brüste habe. Und dem Mann, mit dem Sie Liebe machen, blieben die Ausmaße *Ihrer* Brüste wohl ebenfalls kaum verborgen, *bevor* Sie mit ihm intim wurden.

Was also können, dürfen, sollten Sie daraus schließen?

Daß Sie an einen Mann geraten sind, der einen Busen wie den Ihren liebt! Daß er sich nichts sehnlicher wünscht, als ihn in seinem Gesicht, um seinen Penis zu spüren. Na bitte!

Ihr Busen ist zu klein, sozusagen kaum vorhanden?

Auch das ist gerade richtig — für den Mann, der mit Ihnen zusammen ist. Denn so wie manche Frauen schlanke und andere

Frauen mollige Männer bevorzugen, sind auch die Geschmäcker der Männer in bezug auf Frauen verschieden. Und zwar Gott sei Dank, kann ich nur sagen. Welch schreckliche Vorstellung, daß jeder Mann, jede Frau, nur auf einen bestimmten Typus fliegen würde!
Und wenn Ihnen das als Argument noch nicht genügt, vielleicht sind Sie für dieses zugänglich:
Kein Mann wird mit einer Frau ins Bett steigen, die ganz und gar nicht sein Typ ist — oder an der ihn irgendeine Äußerlichkeit gravierend stört.
(»Kein Mann« heißt: keiner von denen, die nicht alles mitnehmen, was nicht bei »drei« auf dem Baum ist — aber diese Typen dürften für Sie ebenso indiskutabel sein wie sie es für mich sind — privat.)
Aber weiter im Text.
Ihr Po ist zu fett?
Kein Problem! Es gibt haufenweise Männer, die wuchtige Hinterteile lieben!
Anstatt Ihren Po also verschämt von ihm wegzudrehen — setzen Sie sich auf sein Gesicht! Auch von diesen Massen wird er es lieben, erdrückt zu werden.
Falls Sie dennoch Angst haben, er könnte unter Ihnen ersticken, bieten Sie ihm Ihren Po einfach zum Streicheln dar — Sie werden sich wundern, wie sehr er darauf abfährt!
Allein der Gedanke daran ist Ihnen unerträglich?
Schade. Denn dann brauchen Sie sich nicht zu wundern, weshalb er — obwohl er Sie heiß und innig liebt — dann und wann einen Besuch in der Herbert- oder einer ähnlichen Straße macht.
Versetzen Sie sich doch einmal in seine Situation:
Da hat er eine Frau zu Hause, die den — für ihn — schönsten Hintern der Welt hat. Und was tun Sie?
Sie enthalten ihn ihm vor.
Da muß er ja verrückt werden und eines Tages nicht mehr an-

ders können, als seine Phantasien um diesen Po, der ihn so reizt, woanders auszuleben. Bei uns.
Ihr Po ist viel zu klein und viel zu flach?
Gehen Sie ein paar Zeilen zurück und lesen Sie, was ich zu dem »zu kleinen, kaum vorhandenen« Busen zu sagen hatte. Alles klar?
Ihre Beine sind zu kurz, Ihre Oberschenkel zu stämmig? Und Orangenhaut haben Sie auch noch?
Dann halten Sie sich fest: Es gibt wahrhaftig und ungelogen eine Menge Männer, die nichts lieber packen, als stämmige Oberschenkel — und die nichts weniger interessiert als Cellulitis!
Mag sein, daß *Sie* sich das nicht vorstellen können, aber ich *weiß* es!
Ich sagte ja schon: In der Herbertstraße gibt es nichts, was es nicht gibt — und so manche Männer treffen ihre Auswahl nach »je fetter, desto lieber«.
Hören Sie also endlich damit auf, sich Gedanken darüber zu machen, daß Sie nicht dem Schönheitsideal entsprechen, das uns die Zigaretten- oder Auto- oder sonstige Werbung vorspiegelt. Freunden Sie sich statt dessen lieber mit dem Gedanken an, daß Ihr Mann oder Liebhaber nun mal auf Rubens-Typen steht — und Luftsprünge machen könnte vor Freude, gerade Ihnen begegnet zu sein!
Daß auch spindeldürre Beinchen auf manche Männer einen ungeheuren Reiz ausüben, brauche ich Ihnen an dieser Stelle hoffentlich nicht auch noch auseinanderzuklamüsern.
Davon einmal abgesehen: Wer immer Sie liebt, liebt nicht allein Ihren Körper, er liebt Sie! Mit (oder ohne) allem drum und dran!
Selbst wenn alle seine Lieben vor Ihnen das genaue Gegenteil von Ihnen waren, ist das übrigens kein Grund, zu verzagen.
Was Kurt Tucholsky bereits vor über einem halben Jahrhundert schrieb, passiert auch heute noch alle naslang: »Man möch-

te immer eine große Lange, und dann bekommt man eine kleine Dicke — C'est la vie!«
Warum das immer wieder passiert, ist klar: Die »kleine Dicke« von heute liebt man(n) nun mal mehr, als jede »große Lange«, die man vor Jahren traf...!
Davon mal ganz abgesehen: Diverse Umfragen haben wieder und wieder bestätigt, was wir in der Herbertstraße schon lange wissen. Und das ist erstens: Die meisten Frauen halten sich für dicker, als sie tatsächlich sind (von Magersüchtigen gar nicht erst zu reden!). Zweitens: Der von Männern ersehnte Frauenkörper ist in Wahrheit fülliger, als die Frauen glauben.
Um aber endlich das Thema »Beine« weiterzuführen: Unabhängig davon, ob Ihre nun zu dick, zu dünn, oder so schön wie die legendären Beine der noch legendäreren Marlene Dietrich sind — wichtig ist, wie Sie sie ihm präsentieren.
Fast jeder Mann, den ich kenne, gerät über jede Art von Beinen in Verzückung — die von Seidenstrümpfen umhüllt sind: Erinnern Sie sich nur an die Strumpfszene in dem Film »Die Reifeprüfung«. An Mrs. Robinsons Beine erinnert sich niemand mehr genau. *Wie* sie aber langsam ihre schwarzen Strümpfe abstreifte, hat heute noch jeder sofort vor Augen — selbst wenn er diesen Film nur ein einziges Mal in seinem Leben gesehen hat. (Und auch »Simon & Garfunkel« hatten sich gewiß etwas dabei gedacht, als sie ein Standfoto dieser Szene zum Plattencover ihrer LP *»The Graduate«* machten!)
Was ebenfalls jede Frau hat, sind Füße.
Was jede Frau haben sollte, sind *gepflegte* Füße. Solche nämlich, die nicht nur sauber sind, sondern auch samtig weich — ohne Hornhaut an der Fußsohle also.
Der Grund: Füße können jeden Mann zum Wahnsinn treiben — vorausgesetzt, man gibt ihm die Möglichkeit dazu.
Nicht, daß wir uns mißverstehen: Ich rede nicht von Fetischisten, die nichts lieber tun, als Füße küssen, sondern vom

»Normal«-Mann, der gurrt und schnurrt wie ein Kater, wenn er von gepflegten Frauenfüßen liebkost wird.
Überall liebkost wird — und vorzugsweise an den Hoden und am Penis.
Sie haben keinerlei Gefühl in den Füßen?
Dann wird es Zeit, daß Sie welches entwickeln!
Machen Sie Lockerungsübungen mit Ihren Füßen und Zehen — das kommt nicht nur Ihrem Liebsten, sondern auch Ihnen selbst zugute. Der Gesundheit Ihrer Füße nämlich.
Üben Sie, Bleistifte mit den Zehen aufzuheben, Bälle mit den Füßen hochzuwerfen und wieder aufzufangen, sie zu drehen.
Wetten, daß er Ihnen dafür ab sofort dafür die Füße küßt?
Hände hat natürlich auch jede Frau. Und nach dem Motto »Hände wie Füße« sollten auch diese gepflegt sein — was heutzutage glücklicherweise ein Leichtes ist. Wenn nicht mit dem Geschirrspüler, so wird der Abwasch doch in »entspanntem« Wasser gemacht oder gar welchem, das (fast) die Handcreme ersetzen soll...
Was Sie mit Ihren Händen alles machen können, ist eine Vielzahl diverser Streicheleinheiten verteilen — darum komme ich zu einem späteren Zeitpunkt auf dieses Thema gesondert zurück.
Was, so fragen Sie sich (wenn Sie auf die Reihenfolge geachtet haben), könnten Ihre Augen mit Sex zu tun haben?
Alles.
Denn die Augen sind der Spiegel Ihrer Seele — sind *Sie* selbst.
Ihre Augen können ihn ermuntern, Ihre Augen können ihn abweisen. Ihre Augen können ihn anlachen — und aus.
Sie können ihn mit Ihren Augen anziehen und ausziehen — wie er Sie — lieb, geil, nett. Und Sie können ihn mit einem Blick vernichten.
Liebe, Lust, Verlangen, Angst, Verachtung — alles läßt sich aus Ihren Augen ablesen.
Sehen Sie in seine Augen, während Sie ihn lieben. Senden Sie

ihm damit Signale, die mehr sagen, als alle Worte ihm sagen können: Bei sexueller Erregung erweitern sich Ihre Pupillen selbst dann noch, wenn Gegenlicht auf sie fällt (was sie normalerweise verengen müßte). Lassen Sie ihn also wissen, wie sehr Sie ihn begehren, wie gut seine Berührungen Ihnen tun! Zeigen Sie ihm, daß Sie nicht mit ihm spielen — oder eben doch: ein Liebesspiel.
Vergewissern Sie ihm mit Blicken, daß alles, was zwischen Ihnen beiden geschieht, völlig in Ordnung ist. Vor allem dann, wenn Ihr Liebesspiel ein Akt ist, wie Sie ihn in Kapitel XXII beschrieben finden... (sofern nicht gerade einer von Ihnen beiden die Augen verbunden hat, versteht sich)!
Der Mund.
Er ist definitiv ein Kapitel für sich (XIII).
Die Stimme.
Ob Sie's glauben oder nicht: sie ist eines der wichtigsten Hilfsmittel in unserem Beruf.
Sobald ich zum Beispiel »auf Angriff« bin, ist meine Stimme automatisch dunkel, tief, gurrend, verführerisch: Allein die Tonlage meiner Stimme reduziert meine physische Arbeit um mindestens die Hälfte!
Alle von uns arbeiten mit der Stimme — von der ganz normalen Hure am einen, bis zur Domina am anderen Ende der Skala.
Wenn bei uns zum Beispiel das Telefon klingelt und die Wirtschafterin eine von uns ruft, weiß ich sofort, ob es sich um ein Privatgespräch oder ein Telefonat mit einem Gast handelt, sobald die Betreffende rangeht.
Bei Freunden oder Freundinnen bleibt Michaelas, Ellens, Angelikas, meine Stimme, ganz normal. Kaum aber ist ein Gast am anderen Ende der Leitung, sprechen wir sanft und ruhig, sanft und zugleich fordernd oder sanft und bestimmend — aber immer sanft. Grelle, schrille Töne meiden wir wie Graf Dracula die Sonne — denn wir würden keine müde Mark verdienen, schlügen wir harsche Töne an.

Nicht einmal die Stiefelfrauen wählen im Umgang mit ihren Gästen einen harten, barschen Ton: Vom schlichten Befehl, den sie erteilen, bis zur gemeinsten verbalen Demütigung, die sie austeilen, zeigt eine ruhige, leise Stimme sehr viel mehr Wirkung als Gebrüll.
Widmen wir uns also im folgenden Kapitel zunächst einmal Ihrem Startkapital: Ihrer Stimme — und der Sprache, die bei uns zum Liebesspiel gehört.

Kapitel III

LEKTION NR. 2

Die Stimme sorgt für Stimmung — und was Sie sagen, erst recht

Eigentlich müßte es von ganz allein passieren, daß Ihre Stimme leiser, dunkler, verführerischer wird, wenn Sie drauf und dran sind, sich aktiv der Liebe zu widmen.
Solange ich mich erinnern kann, habe ich bei der Liebe nie den normalen Tonfall gewählt — Bettgeflüster ist schließlich kein Gespräch übers Wetter oder Kochrezepte —, sondern meine Stimme immer gedämpft. Sie verführerisch klingen lassen. Sie wissen ja: Der Ton macht die Musik!
Und erzählen Sie mir jetzt bloß nicht, Ihre Stimme klänge immer gleich — denn das tut sie bei keinem Menschen. Im Gegenteil: Ihre Stimme verrät ebensoviel über Ihre Stimmung, wie Ihre Augen es tun. Der Unterschied ist nur der: Ihren Tonfall können Sie bewußt beeinflussen — die Vergrößerung oder Verengung Ihrer Pupillen nicht!
Um sich der Macht Ihrer Stimme erst einmal bewußt zu werden, sollten Sie sich zunächst einmal klarmachen, was Sie alles damit ausdrücken können. Hier also einige Beispiele, wie Ihre Stimme klingen kann:

    interessiert — gelangweilt
    erregt — gleichgültig
    fordernd — bittend

bestimmend	—	devot
fröhlich	—	traurig
ruhig	—	wütend
gelassen	—	hysterisch
verführerisch	—	indifferent
leise	—	laut
ermutigend	—	demütigend
herzlich	—	frostig
lieb	—	böse
vertrauensvoll	—	mißtrauisch
mutig	—	ängstlich
mitleidig	—	schadenfroh
erleichtert	—	bedrückt
lachend	—	weinerlich
verliebt	—	verbittert
hoffnungsvoll	—	resigniert
samtig	—	brummig
warm	—	kalt
gefühlsbetont	—	sachlich
einladend	—	abweisend
sanft	—	hart
dunkel	—	schrill
lieblich	—	rauh

Na bitte! Das sollte genügen, für den Anfang.

Was ich Ihnen nämlich jetzt vorschlage, erfordert Zeit, Ruhe und Konzentration:
Denken Sie sich in irgendeine Lage, in der Ihre Stimme »interessiert« klang — und versuchen Sie dann, Ihre Stimme interessiert klingen zu lassen. Danach bemühen Sie sich um einen gelangweilten Tonfall, einen erregten, gelassenen, und so weiter und so weiter.
Sobald Ihnen — anhand dieser »Stimmlagen für den Haus-

gebrauch« — klar wird, was für ein vielseitiges Instrument Sie mit Ihrer Stimme besitzen, wird es Ihnen leichter fallen, auch mal Ihre verführerische Stimme »einzuschalten«.
Sollten Sie sich dabei albern vorkommen, schalten Sie mal den Werbefunk oder das Werbefernsehen ein! Sie werden sich wundern, mit welch verführerischer Stimme da alles mögliche (und unmögliche!) angepriesen wird — von Pralinen über Katzenfutter bis hin zum Waschpulver, das weißer wäscht, als jedes andere!
Nachdem Sie die Skala rauf und runter beherrschen (was Ihnen auch im richtigen Leben von außerordentlichem Nutzen sein kann!) wiederholen Sie das ganze noch einmal — vor dem Mikrophon eines Tonband- oder Diktiergerätes. (Muß ja kein professionelles Gerät sein. Kassettenrekorder, die diesen Zweck erfüllen, gibt es bereits für unter hundert Mark — und sind, wie Sie später noch lesen werden, vielseitig verwendbar!)
Sie finden Ihre Stimme vom Tonband grauenvoll, unausstehlich sogar?
Dann üben Sie erst recht weiter — und zwar so lange, bis Sie sich selber anhören können. (Bis Sie sich geschickt schminken konnten, haben Sie schließlich auch eine ganze Weile geübt, stimmt's?)
Sie finden es absolut albern, was Sie da machen sollen?
Zumal Sie im Bett sowieso stumm sind, wie ein Fisch?
Nun, wenn das so ist, haben Sie bislang die Botschaft verpaßt. Und die lautet:
Männer lieben es geradezu, wenn beim Liebesspiel gesprochen wird!
Falls Sie mir nicht glauben — weil Sie meine Gäste für »anders« halten als andere Männer —, vertrauen Sie vielleicht dem im Frühjahr 1989 erschienenen Frank-Schmeichel-Report *Das geheime Sex-Leben der Deutschen* (Ullstein Verlag). Da ist schwarz auf weiß zu lesen: 79 Prozent der Männer (und 76 Prozent der

Frauen!) lieben es, wenn ihr Partner beim Liebesspiel stöhnt/ spricht!
Versuchen Sie es doch einfach einmal bei der nächsten Gelegenheit. Sie müssen ja nicht gleich mit der Tür ins Haus fallen!

Wie Sie antesten können, ob »er« auf verbale Erotik steht? Ganz einfach:

— Sagen Sie ihm, wie sehr Sie es genießen, daß er Sie gerade in den Armen hält.
— Sagen Sie ihm, wie gern Sie seine Haut auf Ihrer Haut spüren — und daß Sie gar nicht genug davon bekommen können.
— Sagen Sie ihm, daß er ganz einfach einmal entspannen und sich von Ihnen mit Streicheleinheiten verwöhnen lassen soll.
— Sagen Sie ihm, wie sehr Sie seine Küsse lieben — und daß Sie jetzt, in diesem Augenblick, seine Lippen auf Ihren spüren möchten.
— Sagen Sie ihm, wie gern Sie in sein Gesicht schauen, während Sie sich lieben.
— Sagen Sie ihm nach und nach unendlich viele *liebe* Dinge — sanft.

Wenn er darauf reagiert, sprich,

— Sie noch fester an sich drückt, wenn er Sie in seinen Armen hält,
— er sich noch enger an Sie kuschelt, damit Sie möglichst viel von seiner Haut genießen können,
— er sich entspannt zurücklegt und sich liebkosen läßt,
— er Sie intensiv küßt,
— er Ihnen tief in die Augen schaut, während Sie sich lieben,

können Sie *langsam* einen Schritt weitergehen:

— Sagen Sie ihm, wie gut es Ihnen tut, wenn er Sie liebt.
— Sagen Sie ihm, wie gern Sie es mögen, wenn er mit Ihren Brüsten spielt.
— Sagen Sie ihm, wie schön sein Schwanz ist.

Oh weh! Das Wort »Schwanz« bringen Sie nicht über Ihre Lippen?
Dann schlagen Sie mal in LANGENSCHEIDTS *Lateinischem Wörterbuch* (oder jedem halbwegs ernstzunehmenden Lexikon) unter »Penis« nach.
Getan?
Na bitte! Sie konnten sich selbst überzeugen: Das ursprünglich lateinische Wort »Penis« lautet in seiner deutschen Übersetzung — »Schwanz«.
Und nun mal ehrlich: Ist es wirklich zuviel von Ihnen verlangt, daß Sie mit Ihrem Liebsten auch im Bett schlicht und ergreifend die Sprache sprechen, die (so nehme ich an) Ihre Umgangssprache ist?
Daß Sie das Wort »Schwanz« nie ohne schmückende Adjektive benutzen sollten, versteht sich sicherlich von selbst. (Dennoch werde ich es Ihnen — für alle Fälle — an späterer Stelle noch genau auseinandersetzen!)

Nachdem Sie nun die erste sprachliche Hürde genommen haben, kann es ja weitergehen im Text.

— Sagen Sie ihm, wie himmlisch es ist, seinen Schwanz in sich zu fühlen.
— Sagen Sie ihm, daß Sie den ganzen Tag an nichts anderes gedacht haben. (Daß Sie zwischendurch Ihre Steuererklärung machen mußten, zählt nicht. Folglich können Sie die ruhig unter den Tisch fallen lassen!)
— Sagen Sie ihm, daß es Sie rasend macht, wenn er Sie ganz langsam ...

Nein — so kommen wir nicht weiter. Am besten wird es sein, ich involviere Sie vorerst gar nicht, sondern rede schlicht und ergreifend Klartext.

Die Art von Klartext diesmal, die bei uns gang und gäbe ist — und Männern offensichtlich liebend gern ein paar hundert Mark ihres mehr oder minder hart verdienten Monatslohnes wert.

Was also sagen wir zu einem ganz normalen Mann, der zu einem ganz normalen Schäferstündchen bei uns einläuft?

Wir sagen ihm unendlich viele Dinge, von denen wir wissen, daß sie Musik in Männerohren sind. Und befolgen damit Shakespeares Rat: »Wenn Musik der Liebe Nahrung ist, spiel weiter! Gib mir volles Maß!«

Volles Maß klingt in der Herbertstraße in etwa so:

— »Steck ihn rein und fick mich... ah, es ist so wundervoll, deinen Schwanz da zu spüren! Deinen wundervollen Schwanz, den wir alle geblasen haben...«
— »Oh... das ist aber ein schöner, steifer Schwanz, den du da hast... Aber ich will ihn noch größer sehen... richtig schön geil und riesengroß! Das willst du doch, stimmt's? Ja! So gefällt er mir schon viel besser...«
— »Ist er nicht wunderschön... Und er kommt so weit in mich hinein... er gehört nicht nur dir, er gehört mir...!«
— »Du tust es... wünschst dir manchmal, daß ich neben dir im Bett liege, dir einen runterhole, mit deinem Schwanz spiele, und daß wir ficken...«

Wesentlich an solch wortwörtlicher »Anmache« ist zweierlei: einmal fühlt er sich — durch Ihre verbale Hemmungslosigkeit — von Ihnen begehrt; zweitens fühlt er sich ermutigt, endlich einmal auszusprechen, was ihm schon lange auf der Zunge lag — er sich aber nicht zu sagen traute.

In unserem Zimmer hören wir dann Dinge wie:

— »Jetzt bekommt deine Möse ein bißchen was zum Aufwärmen... Vielleicht reicht es noch nicht, dich ganz zu füllen, aber warte nur... du bekommst noch mehr...«
— »Ja, ich werde dich bumsen... in Arsch, Mund und Möse... bis du überall von meinem Schwanz gezeichnet bist... ich werde mit dir so überwältigend ficken, daß dein Leben und deine Erfahrung es nicht zu fassen vermögen...«
— »Ich weiß, du willst geleckt werden. Dann werde ich dich jetzt richtig auslecken...«
— »Okay, ich werde dir jetzt einmal den Schwanz in deine Möse rammen, aber nur einmal, und du wirst sofort einen Orgasmus bekommen. Okay, jetzt...«
— »Und jetzt... wie gefällt dir das? Das hast du doch die ganze Zeit gewollt... Spürst du den Schwanz in deiner Fotze? Verdammt noch mal, ich will, daß du ihn spürst... Du bist nicht mehr so eng, wenn ich dich erst gebumst habe...«
— »Ja, mein Kleiner, du stehst ganz schön da. Ja, du kannst dich sehen lassen... Ja, und wie frech du bist! Fut, das willst du haben!«
— »Sag: Macht hoch die Tür, die Tor' macht weit, es kommt der Herr der Herrlichkeit!«

Geschockt? Einfach ekelerregend, meinen Sie?
Nun, dann lassen Sie sich von mir eines sagen: Sie haben keine Ahnung von Weltliteratur. Das erste und vierte weibliche, sowie das erste, zweite und fünfte männliche Zitat entstammen Henry Millers *Opus Pistorum* (Rowohlt Verlag).
Das zweite der vier weiblichen Zitate ist Originalton Domenica, das dritte ist D. H. Lawrences *Lady Chatterley* entliehen. Das dritte und vierte männliche Zitat entstammen dem Buch des Hamburger Sexualforschers Dr. Marcus Wawerzonnek und sind seinen im Sommer 1989 erschienenen Protokollen und Erfahrungen lustbetonter Sexualität *Eros und Ekstase* (Verlag Hoffmann und Campe) entnommen.

Das sechste und siebte männliche Zitat sind wiederum aus *Lady Chatterley*.
Alles klar?
Dann können Sie sich ja (vorerst zumindest) wieder abregen (zumal Sie von vornherein wußten: dies ist kein Gebetbuch!).
Dennoch will ich es an dieser Stelle nicht versäumen, Ihnen hier noch etwas Grundsätzliches zum Thema »Bettgeflüster« zu sagen.

1. Wenn Sie Ihren Mann lieben, seinen Körper lieben, gibt es absolut keinen Grund für Sie, ihm das nicht zu sagen und das ruhig in allen Einzelheiten. Der einzige Unterschied zwischen einem Satz wie »Ich liebe deine Hände« und »Ich liebe deinen Schwanz« ist der, daß letzterer intimer ist als ersterer. Und Sie einander nur noch näherbringt, als Sie es ohnehin schon sind — oder sein sollten.
2. Wenn es Sie erregt, was er im Bett — auf dem Teppich, überm Küchentisch, im Kornfeld — mit Ihnen macht, gibt es auch hier keinen Grund, ihn das nicht wissen zu lassen: Wir alle sind für Lob empfänglich — und uns alle spornt es zu noch größeren Taten an!
3. Wenn Ihr Mann der Ansicht ist, daß Sie schöne Brüste haben, weshalb sollte er Ihnen das nicht mitteilen dürfen? Und weshalb, zum Donnerwetter, sollte er nicht »Titten« sagen dürfen, wenn ihm dieser Ausdruck besser gefällt oder ihn mehr erregt?

Um das Thema — vorerst — abzuschließen, bleiben noch ein paar Sätze zur Wortwahl:
Sobald Sie mir ein wirklich schönes Wort nennen können, das das sterile Wort »Geschlechtsverkehr« ersetzen kann, bin ich gerne bereit, für seine Verbreitung und Eingliederung in die deutsche Umgangssprache zu sorgen.

Bis dahin aber müssen wir alle uns leider mit den Wörtern begnügen, die bisher in Umlauf sind. Und da bleiben leider im Prinzip nur »ficken«, »bumsen«, »vögeln« — und in Ausnahmefällen »Liebe machen«.

Wann immer wir unseren Partner (oder sonst wen) sexuell begehren, sind wir ganz einfach »geil« (in jedem Wörterbuch, *nicht* aber im BROCKHAUS nachzuschlagen!). Da auch dieses Wort langsam, aber sicher in unseren alltäglichen Sprachgebrauch übergegangen ist (man denke an »affengeil« — als Synonym für das allmählich aus dem Sprachgebrauch verschwindende Wort »super«), dürfte es Ihnen nicht allzu schwerfallen, es auch — im richtigen Moment! — zu benutzen. Weniger ausdrucksstark — aber immerhin Ausweichmöglichkeiten — sind »scharf«, »heiß«, »wild« auf jemanden zu sein.

Neben (und zwar wirklich neben!) Sex, an dem (im Idealfall) zwei Menschen beteiligt sind, kennen (nicht nur) wir natürlich auch »Sex for one«: das »Onanieren«, »Masturbieren« — gesellschaftsfähig als »Handarbeit« umschrieben und (nicht nur) in der Herbertstraße als »Wichsen« bekannt.

Ein anderes Wort für »Orgasmus« ist »Ejakulation«. Zu Deutsch ist es der »Höhepunkt« — und sehr viel direkter »Kommen« oder »Spritzen«.

Das »Ejakulat«, sprich, das »Sperma«, der »Samen«, wird auch ganz einfach »Saft« genannt.

»Oral«- oder »Mundverkehr« ist weltweit ganz generell als »Französisch« bekannt — gegenseitig und gleichzeitig betrieben weltweit als »Soixante Neuf«, 69.

Sowohl »Fellatio« (die Stimulierung des männlichen Geschlechtsorgans durch Mund und Zunge) als auch »Cunnilingus« (die Stimulierung des weiblichen Geschlechtsorgans durch Mund und Zunge) nennt man umgangssprachlich »Lecken«, »Saugen«, »Lutschen«, »Schlecken« — Fellatio allein »Blasen«.

So viele »unflätige« Ausdrücke finden Sie ganz schön happig — für eine Lektion?

Regen Sie sich wieder ab: Es gibt noch einige mehr — die Sie garantiert die Wände hochtreiben würden. Die habe ich schon bewußt ausgelassen. Zumal *die* a) wirklich unter jedem Niveau sind und b) auch nicht so wichtig.

Also, nocheinmal tief Luft geholt, gleich haben Sie es überstanden. Das einzige, was in diesem Sammelsurium des »erotischen Wortschatzes« noch fehlt, sind die Bezeichnungen für die »primären Geschlechtsorgane«. Was die angeht, sind die Möglichkeiten unserer Wortwahl allerdings leider ebenso begrenzt:

Das männliche trägt den Namen »Penis«, zu Deutsch: »Schwanz«, und man kann ihn auch den »Steifen« oder »Ständer« nennen — was (partiell zumindest) dem Augenschein entspricht oder »Glied«, das ursprüngliche deutsche Wort. Sie können ihn — ebenso wie Ihren Liebsten insgesamt — natürlich auch mit einem Kosenamen belegen, wenn Ihnen dabei wohler ist (wenn er nicht sogar schon einen Kosenamen hat!). Einige Männer sind auch dazu übergegangen, ihr Geschlechtsorgan »meinen besten Freund« zu nennen — wobei allerdings in vielen Fällen der Wunsch der Vater des Gedankens ist. (Warten Sie nur, bis wir ein paar Kapitel weiter sind, dann wissen Sie, was ich meine!)

Aufmerksamkeit verdienen auch die Hoden des Mannes — umgangssprachlich schlicht »Eier« genannt, oder »Sack«.

Was das weibliche »Geschlecht« angeht, ist es mit freundlichen Bezeichnungen besonders schlecht bestellt. Hier kommen wir nämlich nicht mit einer Übersetzung des lateinischen Wortes »Vagina« weiter. Statt dessen erfahren wir lediglich aus LANGENSCHEIDTS *Lateinischem Wörterbuch*, daß Vagina, die Scheide (des Schwertes!) gleichbedeutend mit »cunnus« ist. Und »cunnus« wiederum bedeutet: »Vagina, weibliche Scham, Dirne, Weib«.

Bleiben: »Muschi« (nichts für Leute mit Katzenallergien), »Möse«, »Fotze« und die Verniedlichungsform letzterer: »Fötzchen« — die zugegebenermaßen allesamt für weibliche Ohren

herzlich wenig einladend klingen. Bleibt nur, auf »meine Kleine« auszuweichen oder auch sie mit einem Kosenamen zu versehen (was ich allerdings albern finde).
Einziger Trost: Der Ton macht nach wie vor die Musik. Ein Mann, der liebt, wird jedes dieser Worte anders klingen lassen, als ein Mann beim Puffbesuch.
Apropos »Mann beim Puffbesuch«. An dieser Stelle wird es Zeit, daß wir uns die Männer einmal ein wenig genauer anschauen, die — rund um die Uhr — in die Herbertstraße kommen. Und sie sind, Sie haben es sich schon gedacht, mal wieder ein Kapitel für sich.

P.S.
Fast hätte ich es vergessen: Mein Arbeitsplatz hat natürlich ebenfalls mehrere Bezeichnungen. Die gängigsten sind: »Bordell«, »Puff« und »Freudenhaus«.
Wer darin arbeitet, ist übrigens, wie ich schon im Vorwort sagte, bitte *keine* »Nutte« — ich hasse dieses Wort! —, sondern »Hure« — in der BIBEL schlicht »Dirne« genannt (und von Jesus keinesfalls schief angesehen!).
Wer ebenfalls bei uns sein Geld verdient, sind »Dominas« oder »Stiefelfrauen«, mit deren Arbeitsweise ich Sie in einem späteren Kapitel bekannt mache.

P.P.S.
Um ein immer wiederkehrendes Mißverständnis gleich an dieser Stelle zu klären: Ich arbeite als »Hure«, *nicht* als »Domina« — wie aus meinem (echten!) Vornamen »Domenica« häufig falsch geschlossen wird!

Kapitel IV

LEKTION NR. 3

Vier Männertypen, die uns besuchen — darunter einer, von dem jede Frau Geld nehmen sollte

Um gleich mit den neuesten Zahlen aufzuwarten: Laut Frank Schmeichel, Verfasser des derzeit aktuellsten Sex-Reports (wie bereits erwähnt), haben 88 von 100 Männern schon einmal eine Prostituierte aufgesucht.
Von diesen 100 Prozent tun dies wöchentlich sechs, monatlich 38, einmal jedes halbe Jahr 39 und sporadisch 14 Prozent.
Im Klartext: Die Wahrscheinlichkeit, daß auch *Ihr* Mann/Geliebter schon einmal bei einer »Professionellen« war, ist durchaus gegeben. Was ich allerdings gleich dazusagen möchte, ist: Hätten Sie an diesem Tag »Mäuschen« spielen können — Sie hätten ihn garantiert nicht wiedererkannt, Ihren Guten! Bei uns benehmen sie sich nämlich sehr viel anders als bei Ihnen.
Vier Männertypen sind es, die mir immer wieder aufgefallen sind, im Laufe der Jahre. Nämlich:

1. Der Fröhlich-Unbeschwerte

Er ist, wie Sie bereits der Überschrift entnehmen können, ein Sunny-Boy, fast ein Lausbub.
Wenn er zu uns ans Fenster kommt, gibt es keine langen Diskussionen, kein Feilschen um den Preis.

So unkompliziert, wie es mit ihm anfängt, geht es dann auch weiter. Kaum ist er mit uns im Zimmer, wirft er schon die Klamotten von sich — und los geht's.
Extrawünsche hat er keine. Alles, was er will, ist eine ganz normale, fröhliche Nummer — bei der er lachen kann.
Was dieser unverklemmte Schnuckeltyp bei uns sucht?
Abwechslung — ohne Gefahr zu laufen, sich gefühlsmäßig engagieren zu müssen. Denn jede andere, mit der er fremdginge, würde — verständlicherweise — nichts unversucht lassen, ihn sich zu krallen. Und das darf er nicht zulassen.
Denn er liebt seine Frau.

2. Der Ängstliche

Er ist derjenige, der in voller Montur im Vorraum zum Zimmer sitzt — und sich nicht zu mucksen wagt. Der Anzug, den er trägt und aus dem er nicht rauskommt, ist für ihn wie ein Panzer. Sein Selbstschutz.
Andererseits: So völlig grundlos sitzt er ja nicht hier — es hat ihn schließlich niemand hereingezerrt. Folglich erwartet er von mir, daß ich ihn auflockere — und das reizt mich sehr. Denn es ist eine echte »Aufgabe«.
Wie ich ihn lockere?
Erst tue ich mal so, als ob ich an ihm ebensowenig Interesse hätte, wie er — scheinbar — an mir. Das verwirrt ihn. Macht seinen Panzer ein wenig brüchig.
Irgendwann gehe ich dann — wie unbeabsichtigt — aufreizend an ihm vorbei. Hebe den Rock ein wenig, zeige ihm vielleicht auch ein bißchen schwarzbestrumpftes Bein. Wie zufällig spiele ich dann auch ein bißchen an meiner Brust, schau ihn dabei an und erzähle ihm — belangloses Zeug. Rede übers Wetter oder die Schlagzeile des Tages.
Nachdem ich überhaupt ein Mensch bin, der gern redet, ist das kein Problem für mich.

Dann und wann laß ich dann auch etwas Pseudo-Geiles los — erzähle ihm zum Beispiel von anderen Männern, die ich gehabt habe — aber nur ansatzweise. Da spitzt er dann schon ganz gewaltig die Ohren.

Meistens dauert es dann nicht mehr allzu lange, bis er anfängt, unruhig auf seinem Stuhl hin- und herzurutschen. Und der Panzer ihm zu eng wird: Auf weibliche Reize reagiert jeder Mann. Und dann muß er zugeben, daß er doch etwas will — und sich nicht — wie er durch sein Verhalten vorgibt — ganz, ganz zufällig in diesem Haus, in diesem Zimmer befindet.

Sobald er unruhig wird, weiß ich: Jetzt ist er reif.

Und tatsächlich: Seine ganze Verspanntheit fällt plötzlich von ihm ab. Warum auch nicht? Ich bin schließlich auch locker drauf.

Dann greif ich an.

Geh ihm an die Hose. Merke, daß er an meinen Busen will.

Wenn ich Zeit und Lust habe, ziehe ich unser Vorspiel noch etwas in die Länge. Verweigere mich scheinbar weiter — und mache ihn damit richtig scharf.

Das treibe ich so lange, bis ich merke: gleich kann er nicht mehr.

Es ist ein schönes Spiel, einen Mann so lange zu reizen, bis er einen förmlich bittet, sich seiner zu erbarmen...

Der Grund, aus dem er den Weg zu uns findet, ist klar: Er möchte einmal passiv sein. Aus seinem Panzer gelockt, begehrt werden.

Zu Hause ist er im Bett wahrscheinlich ein Langweiler — weil er von alleine seinen Panzer bestimmt nicht aufgibt.

Sollten Sie so einen Mann daheim haben, versuchen Sie's mal auf meine Weise: Lassen Sie ihn erst einmal ordentlich zappeln, bevor Sie sich ihm hingeben. Wenn Sie es geschickt anstellen, kann er sich zu einem hervorragenden Liebhaber mausern; Wünsche erfüllt zu bekommen, macht im allgemeinen erfinderisch!

3. Der Schüchterne

Im Gegensatz zum Ängstlichen, der lediglich mit sich selbst nicht so recht umzugehen weiß, hat der Schüchterne vor allem Angst. Vor der Frau, vor Sex, vor sich selbst.
Ihn muß man ganz vorsichtig und sanft an das Geschehen heranführen.
Zwei Dinge kommen bei ihm am meisten zum Einsatz: meine Stimme und meine Hände.
Zunächst einmal lege ich ganz sanft eine Hand an seine Wange, streichele ihn. Später lege ich meine Hand auch auf sein Knie — da merke ich am ehesten, ob er noch zittert.
Während ich ihn lieb und zart streichele, spreche ich auch ganz ruhig und besänftigend mit ihm. Sage: »Du hast aber eine schöne, weiche Haut!« Denn Sätze wie »Bist du schon geil?« würden ihn nur noch mehr verschrecken.
Dann sage ich ihm, was er für schöne Augen hat oder für schöne Hände. Das gibt ihm Selbstsicherheit. Den Rest seiner Ängste vertreibe ich durch Händchenhalten.
Wenn ein Schüchterner erst einmal richtig aufgetaut ist, macht es einen Riesenspaß, mit ihm zusammenzusein. Der Grund: Die Schüchternen sind am hingebungsvollsten. Bei ihnen kann man auch seine eigenen Wünsche anmelden — und bekommt sie erfüllt.
Da er im Alltag das meiste mit seiner Phantasie abmacht, besitzt er mehr als genug davon — und ist herrlich einfallsreich, wenn man ihn dazu ermuntert.
Was er bei uns will?
Ist doch klar: endlich mal seine Phantasien ausleben. Denn das traut er sich bei anderen Frauen nicht.
Sollte ein Schüchterner Ihr Lebensgefährte sein, wird er Ihnen — ähnlich wie der Ängstliche — bislang kaum höchste Wonnen im Bett bereitet haben.
Schaffen Sie es aber, ihm seine Ängste zu nehmen, garantiere

ich Ihnen Spaß mit ihm ohne Unterlaß. Denn seiner Phantasie sind lediglich die Grenzen gesetzt, die *Sie* ihm stecken.

4. Der Plump-Obszöne

Er will nur seine Nummer abziehen — ob bei Ihnen oder bei uns, ist für ihn kein großer Unterschied. Alles, was wir für ihn sind, ist eine willkommene Abwechslung. Eine, bei der er noch weniger Rücksicht nehmen muß, als er es ohnehin schon tut. (Schließlich und endlich, sagt er sich, bezahlt er ja dafür.)
Woran Sie ihn sofort erkennen, ist sein extrem vulgärer Sprachgebrauch — der für ihn zwingend ist.
Diese Anomalität — und eine Anomalität ist es allemal — trägt den zungenbrecherischen Namen »Koprolalie« und ist die Besessenheit, obszöne Ausdrücke nicht nur zu *gebrauchen*, sondern zu *brauchen*, um den sexuellen Akt *überhaupt* ausüben zu können.
Obwohl er mir — als Mann — absolut zuwider ist, muß ich gestehen: Als Gast ist er mir fast am liebsten. Bei ihm gibt's kein Vorgeplänkel, und wenn er geht, sagt er nicht einmal »Tschüs«. Das alles macht ihn so angenehm anonym, mit ihm läuft man nicht die geringste Gefahr, sich gefühlsmäßig auf irgendeine Weise zu belasten.
Einen solchen Mann zu Hause zu haben, ist hingegen eine Strafe: Erstens ist er der lausigste Liebhaber auf Gottes Erdboden — er kennt kein Vorspiel, kein Nachspiel, keine Zärtlichkeit; zweitens behandelt er *jede* Frau wie eine Hure — weil in seinen Augen jede Frau eine Hure ist.
Sollten Sie mit einem solchen Mann geschlagen sein, hilft nur eines: Wenn er Sie wie eine Hure behandelt, behandeln Sie ihn wie einen Freier:
Gehen Sie auf seine Art von Geilheit ein. Seien Sie genau so, wie er es braucht: plump-obszön.
Warum wollen Sie sich wehtun lassen, von einem wie ihm? Um-

erziehen können Sie ihn weder mit Liebe noch mit Hilfe dieses Buches. Was Sie aber ändern können, ist *Ihre Einstellung* zu den unerfreulichen Dingen des Lebens.

Kürzlich erlebte ich in einer Kneipe, wie eine Horde plump-obszöner Männer — nach einer offensichtlich »feucht-fröhlichen« Geburtstagsfeier — eine junge Frau anmachte:
»Egon wünscht sich nichts mehr von dir, als daß du dein Kleid ausziehst und auf dem Tisch tanzt. Aber du traust dich ja nicht...«
»Was heißt hier, ich trau mich nicht«, antwortete sie. »Das hat mit ›trauen‹ nichts zu tun. Ich zieh sofort mein Kleid aus und tanze auf dem Tisch — wenn ihr dafür zahlt.
Ich denke nur nicht im Traum daran, es kostenlos zu eurer Belustigung zu tun!«

Recht hatte sie, war ein kluges Kind.
Keiner der »Plump-Obszönen« zückte übrigens das Portemonnaie. Sie zogen im wahrsten Sinne des Wortes den Schwanz ein — und ließen das Mädchen in Ruhe.

Und die Moral von der Geschichte: Ich trau mich auch, plump-obszön zu sein — wenn ich dafür bezahlt werde.
Ob es mir Spaß macht oder nicht, steht auf einem anderen Blatt (und wie Sie dem »Plump-Obszönen« *doch noch* beikommen können, in Kapitel XXII!).

Kapitel V

Lektion Nr. 4

Vom Umgang mit problematischen Liebhabern: zu uneinfühlsam, zu schnell, zu ungeschlacht

Was immer ich Ihnen in diesem Buch erzähle, sagen Sie, sei ja schön und gut — nur sei Ihnen eigentlich mit keinem meiner Tips so recht gedient, weil Ihr Typ zu den Männern zählt, die Sex in den berühmt-berüchtigten »nicht mal fünf Minuten« abhandeln. Mehr noch: Völlig uneinfühlsam hole er sich, was er »brauche« — so daß Sie im Grunde genommen nicht die geringste Ahnung hätten, wo Sie bei ihm ansetzen sollten. Fast fehle Ihnen gar, wenn Sie ehrlich seien, mittlerweile auch die Lust, ihn ändern zu wollen.

Sie werden lachen — auch wenn's eher zum Weinen ist —, ich verstehe Sie. Sehr gut sogar!

Auch bei uns tauchen immer wieder Männer auf, bei denen wir uns fragen, weshalb sie sich nicht gleich auf »Handarbeit« verlegen oder sich eine Aufblaspuppe kaufen — denn knallhart und nüchtern betrachtet, tun sie nichts anderes, als sich selbst befriedigen. Aber eigentlich ist »befriedigen« noch viel zu nett gesagt. »Druck ablassen« tun sie, sonst nichts.

Was also mache ich, wenn ich einen solchen Mann in meinem Zimmer finde?

Ganz einfach: Ich sage ihm klipp und klar, daß es so nicht geht. Nur weil er mich bezahlt, heißt das schließlich noch lange nicht,

daß er mir wehtun darf, wenn er — völlig unrhythmisch — auf mir herumrammelt.
»Hey!« sage ich — und gebiete ihm erst einmal Einhalt. »Was du da machst, ist nicht nur unrhythmisch, sondern tut mir auch weh. Würdest du vielleicht einmal versuchen, *mit mir* zu bumsen, statt gegen mich?«
Wenn sich sein Verhalten dann nicht ändert, übernehme ich das Kommando. Indem ich mich ganz einfach auf ihn setze. So bestimmt nämlich nicht mehr *er* den Rhythmus, sondern ich — und ehe ich mich versehe, ist auch schon wieder alles vorbei. *Dafür* wiederum — daß er mich letztlich lediglich als »Hilfsmittel zum Onanieren« benutzt, lasse ich mich *gern* bezahlen!

Zugegeben: Für uns ist ein Mann, der ohne jegliches Vorgeplänkel innerhalb von zwei Minuten zum Orgasmus kommt, so etwas wie ein Geschenk des Himmels — aber »privat« ist er natürlich genau das Gegenteil davon.
Was also können Sie tun, um mit ihm »Zeit zu gewinnen«?
Sich selbst Zeit nehmen — und vor allem die Sache, sprich: ihn selbst, in die Hand. Dann masturbieren Sie ihn bis zum Orgasmus — und betrachten Sie dieses »erste Mal« als Teil des Vorspiels.
Danach gehen Sie zum gemütlichen Teil des Abends über: trinken erst einmal ein Gläschen Wein mit ihm, sind zärtlich, anschmiegsam, verschmust — also alles andere als fordernd! —, gönnen ihm eine Pause.
Wenn Sie dann mit ihm zu neuen Taten schreiten, wird er es nicht mehr so eilig haben.
Mit ihm schmusen geht nicht?
Weil er Sie, selbst wenn er es lieb meint, so etwas von grob anfaßt, daß Sie über und über mit blauen Flecken besät sind?
Auch das kennen wir — und denken uns dann immer: Die arme Frau, die dieser Mann zu Hause hat!
Da er aber weder durch unser Mitleid, noch durch Ihr Selbst-

mitleid »kuriert« wird, müssen Sie sich schon aufraffen und Abhilfe schaffen.
Zeigen Sie ihm, wie Sie gestreichelt werden wollen. Liebkosen Sie ihn so sanft wie möglich und führen Sie ruhig auch mal seine Hand.
Wenn er es dann immer noch nicht kapiert, hilft nur die Holzhammer-Methode:
Behandeln Sie ihn ebenso ungeschlacht, wie er Sie.
Wetten, daß er sich sofort beschwert, das sei ihm unangenehm? Oder täte ihm weh?
»Mir ist es auch unangenehm«, werden Sie ihm dann klipp und klar sagen. »Mir tut es auch weh, wenn du mich so grob anfaßt.«
Sollte er es dann immer noch nicht begriffen haben, müssen Sie wohl oder übel davon ausgehen, daß er es nicht begreifen *will.*
Mit anderen Worten: Er ist ein kleiner Sadist. Mit der Betonung — vorerst — auf »kleiner«.
Keine Angst, also — denn ihn kriegen Sie ganz schnell in den Griff. Wie, erfahren Sie in einem der nächsten Kapitel.
Vorerst allerdings möchte ich noch zu einer anderen Art von problematischen Männern ein paar Takte sagen:
— zu denen, bei denen gar nichts läuft.

Kapitel VI

EIN KAPITEL FÜR SICH:

Die Mär vom immer müden Mann

Ihn erleben mehr Frauen, als man annehmen möchte: den immer müden Mann.
Die Ironie der Angelegenheit ist nur: In Wirklichkeit gibt es ihn gar nicht. *Kein* Mann ist *immer* müde!
Impotent mag er sein — aber auch das hat bei den wenigsten Männern körperliche Ursachen. (Eine — und sei es alle Jubeljahre — Erektion beim Aufwachen, beispielsweise, spricht definitiv dagegen!)
Vorausgesetzt also, er ist (und *war* — zu Beginn Ihrer Beziehung) körperlich in Ordnung, dürfen Sie, ohne voreilig zu sein, messerscharf schließen: Es stimmt in seinem Kopf etwas nicht — ganz einfach.
Das heißt, so »ganz einfach« wäre untertrieben — er wird schon gravierende Probleme haben. Und zwar mit sich selbst.
Um einige mögliche davon beim Namen zu nennen:

★ Er ist verliebt — in eine andere. Und zu »edel«, sprich, zu feig, sie damit zu konfrontieren.
— *Was Sie unternehmen können, um die Situation zu ändern:*
Sie können um ihn kämpfen.
— *Was Sie unternehmen sollten:*
Nichts.

Solange er »die Andere« tatsächlich liebt (oder sich auch nur einbildet, sie zu lieben!) wird sie immer großgeschrieben.
— *Merke:*
Liebe ist das A & O der Sexualität *in Beziehungen*. Der (in diesem Fall besser: die), für den (die) sie empfunden wird, gewinnt immer.
— *Mein Rat:*
> Vergessen Sie ihn — und geben Sie sich somit selber die Chance auf ein neues Glück! (Davon abgesehen, daß er — wenn *Sie* gehen — mit 90prozentiger Wahrscheinlichkeit reumütig wieder angedackelt kommt.) Führen Sie sich zu diesem Thema mal Esther Vilars *Die Mathematik der Nina Gluckstein* (DTV) zu Gemüte!

★ Seine homosexuellen Tendenzen haben ihn eingeholt. Und er bringt es nicht fertig, Ihnen etwas über seine Entwicklung zu sagen.
— *Was Sie unternehmen können, um die Situation zu ändern:*
Nichts — außer sich Ihre Vermutung bestätigen zu lassen.
— *Was Sie unternehmen sollten:*
Nichts. (Außer, zum AIDS-Test zu gehen.)
— *Merke:*
Es gibt Dinge zwischen Himmel und Erde, die einfach nicht zu ändern sind.
— *Mein Rat:*
Trennen Sie sich von ihm. Nach Möglichkeit ohne großes Gezeter, ohne — verbale oder sonstige — Tritte in den Unterleib. Und geben Sie sich somit die Möglichkeit, früher oder später mit einem anderen Mann glücklich zu werden.

★ Er hat eine — ihn dominierende — Neigung an sich entdeckt, die Sie nicht befriedigen können. In erster Linie deshalb nicht, weil Sie keine Ahnung davon haben.

— *Was Sie unternehmen können, um die Situation zu ändern:*
Herausfinden, welcher Art seine sexuelle Neigung ist. (Dazu mehr in einem späteren Kapitel.)
— *Was Sie unternehmen sollten:*
Sich in aller Ruhe — also ohne jede Hysterie! — überlegen, ob Sie seine Neigung teilen, beziehungsweise sich mit ihr anfreunden könnten, sofern Sie herausgefunden haben, worum's geht. (Auch dazu später mehr.)
— *Merke:*
Wer eine dominierende sexuelle Neigung hat, ändert sich *nicht*!
— *Mein Rat:*
Sollten Sie ihn — als Mensch — nicht verlieren wollen, seien Sie tolerant: Schicken Sie ihn zur Befriedigung seiner Neigung zu uns. Und suchen Sie sich einen Liebhaber, der *Ihre* sexuellen Bedürfnisse befriedigt.

★ Keiner der ersten drei Punkte trifft auf ihn zu. Er liebt Sie nur einfach nicht mehr. Und er ist zu feige und zu bequem, es Ihnen zu sagen — und damit zu riskieren, daß Sie die Konsequenzen ziehen. (Mittlerweile werden über drei Viertel aller Scheidungsgesuche von Frauen eingereicht!)

— *Was Sie unternehmen können, um die Situation zu ändern:*
Nichts.
— *Was Sie unternehmen sollten:*
Seine Koffer packen und ihm dieselben vor die Tür stellen.
— *Merke:*
Kein Mann ist es wert, daß Sie Ihr eigenes Leben vergeuden.
— *Mein Rat:*
Vergessen Sie ihn — und geben Sie sich somit selber die Chance auf ein neues Glück! (Der Rest — siehe »Der Mann, der eine andere liebt«.)

★ Er mag Sie, liebt Sie gar noch — auf seine Art — doch die Sexualität mit Ihnen hat für ihn den Reiz verloren.
— *Was Sie unternehmen können, um die Situation zu ändern:*
Sie sind schon dabei — indem Sie dieses Buch bereits bis hierher gelesen haben.
— *Was Sie unternehmen sollten:*
Vorerst nichts — außer Weiterlesen.
— *Merke:*
Solange Sie einander lieben, ist es nie zu spät!
— *Mein Rat:*
Sich nach meinen Ratschlägen zu richten!

Kapitel VII

LEKTION NR. 5

Für Härtefälle: Es hilft nichts — sie müssen lernen, sich selbst zu lieben!

Hervorragend! Es hat zwar ein paar Tage gedauert, aber endlich haben Sie es geschafft, sich mit Ihrem Körper anzufreunden. Sich schön zu finden.
Irrtum, sagen Sie?
So schnell geht das nicht?
Okay, dann hier noch eine kurze — aber um so intensivere — Lektion (in zwei Teilen) für Härtefälle, wie Sie einer sind:

1. Freunden Sie sich mit Ihrem Körper an — beim Bauchtanz

Vergessen Sie alles, was Sie über Bauchtanz zu wissen glauben: Er ist in erster Linie *nicht* dazu gedacht, vor Ihrem immer müden Mann verführerisch mit Brust und Po zu wackeln.
Statt dessen ist er die härteste Selbsterfahrung, die es gibt. Eine Psychotherapie, die schneller ist als jede andere, wirksamer und — härter.
Die Frau, durch die ich Bauchtanz kennenlernte — bei einem Wochenendseminar in Köln —, ist eine ehemalige Diplom-Volkswirtin, halb so alt und doppelt so füllig wie ich: »Ishtar« — mit bürgerlichem Namen Claudia Roggenbuck.
Mutig, dachte ich, sich mit diesen Massen im engen Gymnastikanzug vor uns hinzustellen — mit *der* Figur!

Keine Stunde später aber hielt ich nur noch den Atem an: Das Maß an Erotik, das diese Frau im kleinen Finger hat, bringen nicht einmal Claudia Cardinale und Raquel Welsh gemeinsam auf die Waagschale.

Was mir ebenfalls zu denken gab, war, was in den Köpfen der Seminarteilnehmerinnen passierte. Alles, aber auch alles, was an »sich selber nicht mögen« in ihnen steckte, kam an die Oberfläche. Und zwar mit einem gewaltigen Knall.

Um eine extrem intensive Erfahrung kurz zu fassen: Um, beim Bauchtanz, auch nur die geringste Bewegung zu machen, muß man jeden Millimeter seines Körpers akzeptieren und besser noch, ihn lieben.

Man geht durch die Hölle, wenn man sich selbst nicht mag — und steigt, so pathetisch es klingt, geläutert empor — wie die bildliche schaumgeborene Venus.

Es erfordert Mut — sich selbst zu betrachten. Ganz ungeschminkt.

Es tut weh — in der Seele (der gewaltige Muskelkater in sämtlichen Gliedmaßen ist ein Klacks dagegen!).

Es ist hart, es braucht seine Zeit — aber es ist die Zeit, die man dafür aufwendet, allemal wert.

Sie können es ja mal bei einem Wochenendseminar antesten — Angebote dafür finden Sie in jeder Stadt und zu günstigen Preisen.

Übrigens: »Ishtar« hatte ihren Körper — bevor sie mit Bauchtanz in Verbindung kam — regelrecht gehaßt. »Ich habe eine Diät nach der anderen gemacht«, berichtet sie. »Aber kaum hatte ich zwei Pfund abgenommen, waren auch schon drei wieder drauf.

Irgendwann mußte ich mich dann dazu durchringen, mich zu lieben, wie ich bin. Auf diese Weise habe ich es geschafft.«

Wenn alles andere versagt: Auf diese Weise, da bin ich sicher, schaffen Sie es garantiert auch!

2. Freunden Sie sich mit ihrem Körper an — auf intimste Weise

Vorweg gleich eine Frage auf Ehre und Gewissen: Masturbieren Sie? (Da Sie diese Frage nur sich selbst beantworten müssen, können Sie ruhig ehrlich sein!)
Ob »ja« oder »nein« — erweckte meine Frage in Ihnen
a) negative Gefühle,
b) ließ sie Sie gleichgültig,
c) reagierten Sie positiv darauf?

Konnten Sie sich guten Gewissens für »c« entscheiden, können Sie sich den nächsten großen Absatz sparen.
Haben Sie »b« oder gar »a« geantwortet, sollten Sie ebendiesem folgenden Absatz besondere Aufmerksamkeit schenken.
Tatsache ist, daß Masturbieren (weder Männer *noch* Frauen) weder blind macht, noch Rückenmarkschwund verursacht — und schon gar nicht eine Sache ist, die »nette Frauen« (und Mädchen) nicht tun!
Falsch: Nette Frauen tun's — und *kluge* Frauen erst recht: Wie sollten sie auch wissen, was ihnen Lust bereitet — wenn sie ihren eigenen Körper nicht kennen?!
Vor allem aber: Wie sollten sie einen Mann wissen — und nicht nur erahnen! — lassen, wie, wo und auf welche Weise er sie berühren soll?
Kurzum: Sollten Sie bislang noch nicht masturbiert haben — fangen Sie damit an! Und zwar ohne Schuldbewußtsein — Sie schaden damit schließlich keinem anderen und schon gar nicht sich selbst!
Im Gegenteil: Sie tun damit nicht nur sich, sondern auch Ihrem Partner einen riesigen Gefallen — und das auf zweierlei Weise:
Erstens können Sie ihm gezielt »Hilfestellung« geben, wenn er nicht so recht weiß, wie und wo — zweitens können Sie Ihrem

Partner damit, daß Sie sich vor seinen Augen selbst berühren, gewaltig einheizen:
Auch in der Herbertstraße ist ein oft geäußerter Wunsch der Gäste: »Mach es dir selbst!« — und das, obwohl den Männern (die uns immerhin bezahlen!) unser Orgasmus herzlich schnuppe sein könnte.
Ist er auch — »Voyeur« spielen zu dürfen, macht sie nur noch wesentlich geiler, als sie es ohnehin schon sind!
Um noch einmal auf *Sie* zurückzukommen:
Daß Sie sich für Sex, den Sie allein mit sich betreiben, Zeit und Ruhe gönnen, versteht sich wohl von selbst. Und daß eine angenehme Atmosphäre der Angelegenheit nur zuträglich sein kann, wohl hoffentlich auch.
Vergessen Sie nie: Sie tun nichts Verbotenes, sondern gönnen sich etwas Gutes. (Ein besonders delikates »Dinner for One« schlingen Sie schließlich auch nicht zwischen Tür und Angel herunter — und schon gar nicht von Papptellern!)

Kapitel VIII

LEKTION NR. 6

Rücken Sie sich ins rechte Licht

Vorausgesetzt, Sie haben es geschafft, sich endlich selbst zu lieben, ist es an der Zeit, die Sache bei Licht zu betrachten — und von allen Seiten zu beleuchten.
(Sollten Sie sich immer noch nicht akzeptieren — geschweige denn, vor Selbstbewußtsein strotzen — werden Ihnen alle meine Tips herzlich wenig nützen. Beschweren Sie sich dann bitte nicht bei mir — und schon gar nicht bei meinem Verleger! —, wenn dieses Buch für Sie nicht hält, was es Ihnen immer wieder verspricht: ein abwechslungsreiches, glückliches Liebesleben!)
Das rechte Licht ist — ebenso, wie eine verführerische Stimme — eines der wichtigsten Hilfsmittel in unserem Beruf.
Wenn wir im Fenster sitzen, werden wir — auch untertags, also im Hellen — von einer Mischung aus gelben und rosa Glühbirnen angestrahlt: Das macht eine schöne Haut.
Wenn wir dann — mit dem Gast natürlich — in unser Zimmer gehen, haben wir die Wahl zwischen mehreren Lichtquellen. Einmal verfügen wir über »normales« Lampenlicht (im Winter, wenn es dunkel ist, muß die Wirtschafterin schließlich sehen können, ob das Zimmer picobello sauber ist, nachdem sie es geputzt hat) — und daneben über gedämpftes.
Sagte ich, wir haben die Wahl?
Wir haben sie natürlich nicht. Der Gast hat sie, denn es geht ja darum, *seine* Wünsche zu erfüllen.

Und um was, glauben Sie, bitten die meisten Gäste?
Richtig: »Bitte laß das Licht an.«
Im Klartext: Männer sehen gerne alles.
Und weil viele von ihnen das zu Hause nicht dürfen, sind sie bei uns um so wilder darauf, visuell endlich einmal alles mitzukriegen.
Nun frage ich Sie mal wieder auf Ehre und Gewissen:
Was ist schlimm dabei, daß ein Mann alles sieht von der Frau, die er liebt, die er begehrt, die die *Seine* ist?
Gar nichts — es sei denn, Sie kämen mir wieder mit Ihrer Cellulitis oder anderen Komplexen. *Die* allerdings wären dann schlicht und ergreifend *Ihr* Problem — das Sie in einem solchen Fall unklugerweise zu seinem machen würden.
Überlegen Sie doch einmal: Wenn ein Mann den Wunsch hat, seine Frau im Hellen zu lieben, dann wird er den doch deshalb haben, weil es ihm Freude macht und weil es ihn anmacht, sie beim Liebesspiel anzusehen.
Und was Sie vielleicht — dank Ihrer verkorksten Erziehung — als abstoßend erachten, ist für ihn eine Augenweide: Sie anschauen zu dürfen, während Sie sich ihm völlig gelöst hingeben.
Natürlich sieht Ihr Make-up in solchen Situationen nicht mehr so aus wie »frisch aufgetragen« — aber *gerade das* macht Sie ja so attraktiv für ihn! Welchen Frust müßte er empfinden, wenn Ihr Haar während des Liebesspiels noch säße, als kämen Sie gerade eben vom Friseur!
Mit anderen Worten: Ekstase macht nicht häßlich, Ekstase macht schön! Mehr noch: Nach einer erfüllten Liebesnacht sehen Sie sogar für den gesamten kommenden Tag noch um gut und gerne zehn Jahre jünger aus! Achten Sie mal darauf, wie entspannt Ihre Gesichtszüge sind, wie Ihre Augen strahlen!
Was Sie allerdings tun sollten, ist: die Nachtcreme weglassen! Ein speckig-glänzendes Gesicht zeigen Sie schließlich auch bei anderen wichtigen Anlässen nicht.

Noch besser: Waschen Sie das Make-up, das Sie am frühen Morgen aufgelegt haben, vor der Liebesnacht herunter — und legen Sie frisches Make-up auf (Sie müssen ja nicht gleich in den Farbtopf fallen)!

Trotzdem: bei grellem Licht — *Sie nie?*

Oh je! Wer redet denn von »grellem Licht«?

Es soll ja nicht unbedingt die 100-Watt-Birne sein, die Sie in Ihre Schlafzimmerlampe schrauben — und schon gar nicht die Neonröhre!

Unter »Licht« verstehe ich schlicht und ergreifend, daß man noch gut sieht, ohne geblendet zu werden.

Ein Tip für »Anfänger«: Installieren Sie im Schlafzimmer einen Dimmer. Dann können Sie die Helligkeit — je nach Lust und Laune — regeln.

Oder es auch mal im völlig Dunklen treiben. Denn das ist ebenso aufregend — zwischendurch einmal.

Was Sie auf jeden Fall einmal versuchen sollten, ist, sich bei Tageslicht zu lieben. Und das nicht nur im Schlafzimmer, sondern vielleicht auch mal am Strand? (Nicht vor allen Leuten natürlich und auch nicht unbedingt auf feinem Sand. Sie wissen ja: Geschlechtsverkehr im Freien kann als »Erregung öffentlichen Ärgernisses« geahndet werden — und Sand ist nicht gerade das beste Gleitmittel der Welt!)

Das Tageslicht können Sie sich übrigens neuerdings auch nachts ins Schlafzimmer holen. Es sind jetzt Glühlampen auf den Markt gekommen, die es in Amerika schon seit Jahren gibt und die Sonnenschein simulieren. Sie werden in erster Linie in Büros eingesetzt, weil sie erwiesenermaßen die Stimmung heben und besonders leistungsfähig machen — das dürfte Ihnen doch fürs Schlafzimmer gerade recht sein!

Was mit Kerzenlicht ist, würden Sie gern wissen? Warum ich das nicht zuallererst empfohlen habe?

Ganz einfach: Weil ich Kerzenlicht — für sich allein — absolut scheußlich finde. Denn für mich kommt dadurch eine Art Begräbnisstimmung auf.

Kerzenlicht gemischt mit einer anderen, sanften Lichtquelle, jederzeit. Aber alleine, nein danke!

Übrigens: Wenn Sie sich erst einmal dazu durchgerungen haben, das Licht anzulassen — warum gehen Sie dann nicht gleich aufs Ganze?

Das Ganze wiederum bedeutet in diesem Fall: Weshalb sorgen Sie nicht auch für Spiegel? (Leicht getönte Spiegel, muß ich betonen, denn die normalen sind wirklich alles andere als vorteilhaft!)

Sie meinen, Ihren Mann träfe der Schlag, wenn Sie plötzlich — nach fünf, zehn, 15 oder 20 Jahren Ehe — das Licht anließen und auch noch Spiegel im Schlafzimmer aufstellten?

Klar trifft ihn der Schlag — wenn Sie kein Zartgefühl walten lassen. Ein bißchen geschickt müssen Sie bei der Umstellung eines öden Liebeslebens auf ein farbenfrohes natürlich schon sein.

Mein Vorschlag, was das Licht betrifft:

Kaufen Sie eine zweite Schlafzimmerlampe, dimmen Sie deren Licht und stellen Sie sie so auf, daß es umständlich wäre, sie auszuschalten.

Mögliche Reaktionen, mit denen Sie seinerseits rechnen dürfen, sind:

★ Er tut, als ob er das (anfangs gedämpfte!) Licht nicht bemerkt — und hofft insgeheim, Sie mögen nicht noch schnell die Lampe ausschalten. Gönnen Sie ihm den »Triumph«: Männer sonnen sich in dem Gefühl, »Geistesgegenwart« bewiesen zu haben!

★ Er sagt Ihnen, wie schön Sie aussehen — und schlägt Ihnen vor, das Licht diesmal anzulassen. Wunderbar! Ihr Liebesleben ist problemlos ausbaubar!

★ Er opfert sich — und knipst das Licht aus. Damit ist es zwar — fürs erste — zappenduster, aber selbst eine solche

Reaktion ist kein Grund zur Verzweiflung — sondern ein Grund, miteinander zu reden! Sagen Sie ihm ganz offen, daß es an der Zeit sei, ein wenig Abwechslung in Ihre eintönigen Nächte zu bringen. (Sollte er anderer Meinung sein, geben Sie ihm noch eine zweite Chance. Ergreift er auch die nicht, geben Sie sich selber eine: Verlassen Sie ihn — oder suchen Sie sich einen Liebhaber!)

P.S.
Sollte er es, sprich Sie, partout nur im Dunkeln lieben, hier noch ein wichtiges Argument, mit dem Sie ihn vielleicht umstimmen können. Las ich doch in *Männer, Männer, Männer* (Constanze Elsner, Heyne-Verlag) über das Ergebnis einer Studie des US-Hormonforschers Dr. Russel J. Reiter:
»Je länger Tageslicht durch die Augen auf das Gehirn des Menschen einwirkt, desto mehr Sexualhormone bildet sein Organismus. Folglich wird seine Bereitschaft zu sexueller Betätigung verstärkt.«
Elektrisches Licht, das Tageslicht simuliert, erfüllt denselben Zweck. »Nur bei Neonlicht verhält sich die Zirbeldrüse so, als ob es Nacht wäre. Und bildet Melatonin — und das wiederum ist ein Hormon, das die Bildung von Sexualhormonen hemmt.«
Dazu, nehme ich an, erübrigt sich wohl jeder weitere Kommentar!

Kapitel IX

LEKTION NR. 7

Drunter und drüber ist ja ganz nett — aber durchaus nicht alles

Sie kennen ihn sicherlich, den uralten Witz, bei dem die Frau beim Eheberater ist... aber ich kann ihn mir an dieser Stelle nicht verkneifen. Denn er ist meine erste Assoziation in punkto »Dessous«. Also:

Eine Frau kommt zum Eheberater und erklärt ihm, ihr Mann habe jedes sexuelle Interesse an ihr verloren.
»Macht nichts«, beruhigt sie der Psychologe, »das werden wir schon wieder ändern.« Sein Rat: Sie solle sich schwarze Unterwäsche kaufen und sie am Abend, wenn ihr Mann nach Hause kommt, tragen. Und zwar nur die Wäsche, versteht sich.
Die Frau befolgt den Rat des Psychologen, kauft sündhaft teure schwarze Strapse, BH, Slip und Strümpfe ein — und empfängt ihren Mann in diesem Outfit, als er von der Arbeit kommt.
»Oh Gott!«, ist seine prompte Reaktion. »Ist Oma gestorben?«

Und schon wäre ich mitten im Thema: Dessous, in allen Formen, allen Farben, schön und gut — aber alleine bringen sie es auch nicht!
Genauer gesagt: Vergessen Sie die »Werfen-Sie-sich-in-die-Strapse«-Tips der diversen Sex-Berater — denn allein dadurch, daß

Sie sich einen Strapsgürtel um den Bauch binden (und natürlich die entsprechenden Strümpfe daran befestigen!) ändert sich in Ihrem Liebesleben gar nichts!
Nicht jedenfalls, wenn *Sie* Ihre Einstellung zu diesem visuellen Beiwerk nicht radikal ändern — und Dessous weiterhin gleichgültig oder gar negativ gegenüberstehen, und sie lediglich als »letzte Rettung« aber ohne Überzeugung tragen.
Im Klartext: *Wohl fühlen* müssen Sie sich in der Wäsche, die allein deshalb sündig ist, weil sündhaft teuer.

Das ist die eine Seite. Die andere:

Ob Sie's glauben, oder nicht: Die meisten Männer lieben den Körper ihrer Frau »pur« — sprich nackt.
Das wiederum ergab nicht nur eine repräsentative Umfrage des Männermagazin *lui* (im Spätsommer '84), sondern auch wir erleben immer wieder und immer häufiger, daß Männer sagen: »Zieh dich aus!«
Sie sind sogar so scharf darauf, uns nackt zu sehen, daß sie gut und gern das Doppelte dafür zahlen!

Stimmt natürlich, daß wir nicht gerade in der selbstgestrickten Baumwollwäsche in unseren Fenstern sitzen — aber können Sie mir sagen, was wir sonst tragen sollten, wenn nicht Dessous? (Zumal das, was jede von uns trägt, den Gästen im wahrsten Sinne des Wortes augenblicklich ihre Arbeitsweise verrät, wie Sie später noch genauer lesen werden.)
Und vergessen Sie bitte auch nicht: Dies ist kein Leitfaden zum Anschaffen, sondern ein Ratgeber dafür, wie Sie zu Hause ein bißchen mehr Pep in Ihr Liebesleben (und das Ihres Mannes!) bringen können.
Kurzum: Während Dessous für meinen Berufsstand eine Art »Uniform« darstellen, sind sie »im richtigen Leben« nicht mehr, aber auch nicht weniger als visuelles Beiwerk.

Wenn da Dessous (gegen die ich übrigens sehr viel weniger habe, als es bislang den Anschein erweckt) alles wären: wie einfach wäre das!
Der Mann müßte sich lediglich eine Aufblaspuppe kaufen, ihr BH, Hemdchen und Strapse anziehen — und schon könnte es losgehen.
Nur: Das will er gar nicht. Er will nämlich in erster Linie einen Menschen, mit dem er reden und lachen kann, und der auch mit den Augen zwinkern kann.
Einen Menschen, der von innen heraus ausstrahlt: »Ich begehre dich.« Das nur von außen — sprich über Dessous sagen zu wollen, brächte gar nichts.
Nun, da wir Grundsätzliches geklärt haben, kann ich in aller Ruhe ins Detail gehen, ohne befürchten zu müssen, daß Sie mich mißverstehen.

Ersetzen wir einmal das sündig angehauchte Wort »Dessous« durch das brave, deutsche Wort »Wäsche«, so versteht sich wohl von selbst, daß jeder Mann nicht nur frische (die selbstverständlich sein sollte), sondern auch *hübsche* Wäsche an seiner Frau liebt.
Im Klartext: Genauso wenig wie Sie gern ausgeleierte, angegraute, eventuell gar noch durchlöcherte Unterhosen an einem Mann sehen, sieht er gern das Äquivalent dazu an Ihnen.
Jeder Mensch mag es, wenn sein Partner sich (nicht nur) für ihn hübsch kleidet — drunter und drüber. Aber es muß weiß Gott nicht immer die »volle Montur« sein!

Jetzt fällt Ihnen direkt ein Stein vom Herzen, daß ausgerechnet ich das sage, weil *Ihr* Mann schon oft versucht hat, Sie in Strümpfe und Strapse zu kriegen — Sie sich bislang aber immer erfolgreich gewehrt haben?
Dann haben Sie mich falsch verstanden. Also noch einmal von vorne:

Wenn ausgerechnet *Ihr* Mann Sie gern in Strümpfen und Strapsen sehen möchte — machen Sie ihm die Freude! Sobald Sie sich, und das ist mein Einwand, selbst damit angefreundet haben, Strümpfe und Strapse zu tragen.
Das werden Sie nie tun?
Dann lassen Sie sich mal eines sagen: Zwischen »Dessous« und »Dessous« gibt es himmelweite Unterschiede!
Klar kann ich verstehen, daß Sie die Plastikwäsche aus dem Sexshop »billig« finden (obwohl auch die es nicht gerade ist!). Aber wie wär's, wenn Sie mal in einen exklusiven Wäscheladen gingen, und sich dort in aller Ruhe ein wenig umschauen würden?
Es gibt wahre Träume aus hauchzarter Spitze und schönster Seide! Diese Art von »Drunter« hat mit dem, was Sie in Katalogen sexbezogener Versandhäuser finden, nun wahrlich nichts gemeinsam. Sie wirkt nicht »nuttig«, sondern reizvoll. Und Sie werden sich wundern, wie gut sie sich trägt!
Was die Preise angeht, werden Sie zwar im ersten Moment nach Luft schnappen — aber dann sollten Sie ganz schnell Ihren kühlen Kopf zurückbekommen und sich sagen: Wenn mein Mann mich in luxuriöse Dessous verpackt sehen möchte, soll er sie mir schenken. Denn daß Sie einen halben bis einen ganzen Tausender für eine einzige Garnitur von Ihrem Haushaltsgeld abzwacken, wäre nun wirklich zuviel verlangt! (Es sei denn, Sie hätten selbst einen Wäschetick. Aber dann ist dieses Kapitel — bis hierher jedenfalls — für Sie sowieso kein Thema!)
Zusammenfassend also noch einmal: Reizwäsche allein bringt es nicht — aber wenn er sich ein Loch in den Bauch freuen würde, wenn Sie sie trügen: versuchen Sie es einmal! (Und lassen Sie sich an dieser Stelle gleich von mir warnen: Luxuswäsche kann süchtig machen. Und zwar *Sie*! Weil sie sich verdammt angenehm anfühlt auf der Haut — und weil Sie Ihnen ein Gefühl von Weiblichkeit vermittelt, das das Dreier-Pack aus dem Sonderangebot Ihnen nie und nimmer geben kann!)

Was ich ebenfalls zu bedenken gebe: Davon, daß Ihre »Verpackung« ihn anmacht, haben Sie schließlich auch etwas — eine besonders heiße Liebesnacht nämlich!

Sollten Sie sich allein nicht in einen Wäscheladen hineintrauen, nehmen Sie Ihren Mann mit! Und suchen Sie gemeinsam aus, was *Ihnen beiden* gefällt!

Und sollte er Ihnen — von ganz allein — mal ein hübsches Dessous mitbringen, werfen Sie es ihm bitte nicht vor die Füße und brüllen »du Schwein!«.

Solange er Ihre Wäsche nicht *mehr* liebt als Sie (und somit ein Fetischist wäre, zu dem ich später mehr sagen werde), sollten Sie seinen Wunsch, Sie sexy verpackt zu sehen, bitte nicht als »Perversion« betrachten. Auch hier bietet sich wieder ein Vergleich zur nächstsinnlichen Tätigkeit an, dem Essen: Manchen Menschen geht es allein darum, was auf Ihrem Teller ist, andere legen Wert darauf, daß die Speisen attraktiv und liebevoll angerichtet sind. Und das ist doch keinesfalls verwerflich!

Bevor ich es vergesse: Falls Sie nicht mehr 20 sind und nicht unbedingt eine annähernd perfekte Figur haben: Halten Sie sich von roter Wäsche fern! Sie kann schnell lächerlich wirken. Mit allen anderen Farben können Sie nicht schiefliegen — vorausgesetzt, daß Ihnen die Farbe, die Sie wählen, ganz generell gut steht!

Ansonsten ist gerade zu Dessous zu sagen, daß man mit ihrer Hilfe den eigenen Typ im Handumdrehen und äußerst effektiv total verändern kann. Denken Sie nur ans Drüber — und was für einen gewaltigen Unterschied es macht, ob Sie

- ★ ein elegantes Kostüm,
- ★ einen sportlichen Hosenanzug,
- ★ ein sommerliches Wickelkleid,
- ★ einen Fummel vom Flohmarkt aus Hippie-Zeiten,
- ★ Jeans mit einer exklusiven Seidenbluse,
- ★ Jeans mit einem verwaschenen Baumwoll-T-Shirt,

- ★ Lederkleidung,
- ★ ein kurzes, freches Cocktailkleid,
- ★ ein langes, eng anliegendes Abendkleid,
- ★ einen Putzkittel,
- ★ einem Bademantel aus Frottee,
- ★ einen Morgenmantel aus Seide

tragen.

Weshalb also wählen Sie Ihr »Drunter« nicht nach denselben Kriterien wie Ihr Drüber aus? Da stehen Sie doch auch manchmal stundenlang vor Ihrem Kleiderschrank und überlegen, was Sie heute — oder für einen besonderen Anlaß — anziehen könnten. Und ziehen sich — echte Frauen sind nun einmal so — hundertmal um, bevor Sie gefunden haben, worin Sie sich wohl fühlen, wenn Sie eine Verabredung haben, die entweder beruflich wichtig ist oder aber Ihr Herz höherschlagen läßt!

Damit möchte ich — Sie denken es sich gewiß schon — natürlich wieder auf etwas Bestimmtes hinaus. Und das ist:

Sorgen Sie dafür, daß Sie, was Ihr »Drunter« angeht, ebenso wandlungsfähig sind, wie was Ihr »Drüber« betrifft.

Und überraschen Sie Ihren Mann mal als »Jungfrau« — in der (gut sitzenden!) Baumwollgarnitur —, mal als »sündige Verführerin« — im Valentino-Modell aus Seide —, und wenn er so sehr darauf steht, auch ruhig mal als »Hure« — im weniger luxuriösen, als vielmehr verruchten Dessous.

Noch spannender: Verwirren Sie ihn!

Tragen Sie unter einem braven oder eleganten »Drüber« ein sündiges »Drunter« — und umgekehrt. Eines kann ich Ihnen versprechen: Die Wechselwirkung bleibt garantiert nicht ohne (positive) Reaktion.

Solange Sie sich — ich kann es gar nicht oft genug betonen — *selber* wohl fühlen in dem, was Sie tragen. Vergessen Sie nie: Ihre Wäsche ist Ihre »zweite Haut« — sie müssen Sie ebenso gern mögen, wie Ihre Haut selbst.

Was die Strümpfe betrifft, sollte ich Ihnen vielleicht auch dazu noch ein paar Worte sagen:

1. Wenn Sie es nicht gewöhnt sind, *Seiden*strümpfe zu tragen, vergessen Sie sie vorerst für Ihren »großen Auftritt«. Seidenstrümpfe haben nämlich den Nachteil, nicht immer perfekt zu sitzen — und nichts ist abregender als ein Outfit, das schreit: »Ich will, aber ich kann nicht!«
2. Wenn es denn schon die schwarzen Strümpfe sein sollen, dann nehmen Sie ruhig gleich die mit Naht. Wichtig ist allerdings, daß besagte Naht *gerade* sitzt. Krumm und schief sein darf sie erst, wenn Sie das Vorspiel hinter sich haben!
3. Sollten Sie sich so gar nicht mit der Idee anfreunden können, Strapse zu tragen: versuchen Sie's mal mit halterlosen Strümpfen. Worauf Sie beim Kauf achten sollten, ist, daß sie einen breiten Rand haben. So halten sie nicht nur, ohne zu kneifen — sondern halten überhaupt.
4. Auch Strumpfhosen haben ihren Reiz. Sie verpassen Ihnen — *sofern Sie im allgemeinen Strumpfträgerin sind* — zur Abwechslung mal ein »jungfräuliches« Image. Genauer: Wenn Ihr Mann an Ihnen Strümpfe gewöhnt ist, wirkt eine Strumpfhose ein wenig wie eine »Verweigerung«: Er kommt nicht so schnell und mühelos an Sie heran. Auch das kann er toll finden — daß er um Sie »kämpfen« muß.
5. Sobald Sie in Ihren Strümpfen oder Ihrer Strumpfhose eine Laufmasche entdecken: wechseln Sie sie. Laufmaschen wirken, ähnlich wie krumme Nähte, schlampig. Und das ist doch wohl wirklich nicht der Effekt, den Sie rüberbringen wollen! (Neuerdings gibt es übrigens wieder »Laufmaschendienste« — zumeist in exklusiven Wäscheläden. Ist auch nur recht und billig bei den heutigen Strumpfpreisen! Nutzen Sie also die Möglichkeit, Laufmaschen aufnehmen zu lassen!)
6. Die besten Strümpfe sind übrigens nicht immer die teuersten. Die, die ich derzeit trage, kosten sechs Mark. Es muß

also nicht sein, daß Sie einen halben Hunderter für ein einziges Paar Strümpfe auf die Ladentheke legen müssen — zumal Sie nie nur ein einziges Paar Strümpfe kaufen sollten. Es ist wirtschaftlicher, mindestens zwei Paar derselben Sorte zu kaufen, weil Sie so einen kaputten Strumpf durch einen aus dem Reservepack ersetzen können.

Zu Nachtwäsche ist nichts anderes zu sagen, als zu Dessous. Ein braves Batist- oder Baumwollnachthemd kann ebenso sexy wirken wie ein hauchdünnes Négligé oder ein freches Babydoll.
Behandeln Sie also bitte auch Ihre Nachtwäsche nicht wie ein Stiefkind — immerhin verbringen Sie ein Drittel Ihres Lebens im Bett!

Bleibt mir nur, zum Abschluß dieses Kapitels, noch ein paar Sätze zu einem häufig geäußerten Männerwunsch zu sagen. Und der lautet: »Ich hätte es so wahnsinnig gern, daß meine Frau unter ihrer ganz normalen Kleidung an einem ganz normalen Tag *kein* Höschen trägt.«
Auch diesen Wunsch können Sie ihm ruhig mal erfüllen (auch ohne, daß er ihn — und sei es nur andeutungsweise!) geäußert hat.
Bei sommerlichen Temperaturen, versteht sich. Sie wollen sich schließlich, bei aller Liebe, keine Blasen- oder Nierenbeckenentzündung holen!
Am wirksamsten ist es natürlich, ihn damit in einem Moment zu überraschen, an dem er an alles andere denkt — nur nicht an das:

★   Sagen Sie ihm, daß Sie ihn von der Arbeit abholen und dann gern noch ein Glas Wein mit ihm trinken wollen.

— Lassen Sie es im Auto »blitzen«.
— Es wird ihn ganz narrisch machen, mit Ihnen im Lokal zu sitzen und dieses Geheimnis mit Ihnen zu teilen. (Kann natürlich auch sein, daß er Sie bittet, gleich in den nächsten Wald zu fahren...!)

★ Gehen Sie mit ihm — in dem elegantesten Kleid, das Sie besitzen — schick essen. Erwähnen Sie — so in etwa nach der Vorspeise —, daß Sie (wie konnte das passieren!) vergessen haben, ein Höschen anzuziehen.
— Achtung: Es besteht die Möglichkeit, daß er sich an seinem Drink — oder dem letzten Löffel Hummercremesuppe — verschluckt. In jedem Fall aber wird er für den Rest der Speisenfolge immer unruhiger auf seinem Stuhl hin- und herrutschen — wenn er nicht gleich nach der Rechnung verlangt, Sie bei der Hand nimmt und mit Ihnen im nächstbesten Hinterhof verschwindet...

★ Wischen Sie — wenn er zu Hause ist, versteht sich — ganz oben auf den Bücherregalen Staub. Auf der Trittleiter stehen Sie natürlich im kurzen Kleidchen — mit nichts darunter.
— Erwecken Sie seine Aufmerksamkeit — und sei es damit, daß Sie ihn bitten, mal kurz die Leiter festzuhalten. Danken Sie dem Himmel, daß er mit beiden Beinen auf dem Boden steht. Ihm wird nämlich so schwindelig werden, daß er Sie — hätte er keinen festen Halt unter den Füßen — mit sich zu Boden reißen würde. (Was er aller Wahrscheinlichkeit nach sowieso tut — nur eben, ohne Sie und sich selbst in die Gefahr zu bringen, sich das Genick zu brechen!) Achten Sie bitte auch darauf, daß Ihre Kinder — sofern Sie welche haben — aus dem Haus sind und nicht so schnell zurückerwartet werden.

Sie wollen doch nicht von den Kleinen überrascht werden...

P.S.
Sollte Ihr Mann der Klischeephantasie nachhängen, daß Sie ihn im Pelzmantel — ohne irgend etwas darunter — vom Büro abholen könnten:
Warum nicht? Soll er Ihnen den dazugehörigen Chinchilla doch kaufen!

Kapitel X

Lektion Nr. 8

Aphrodisiaka: Was Männer wirklich *anmacht*

Wenn Sie es nicht ohnehin schon wissen, halten Sie sich fest: Das beste Aphrodisiakum (nach »Aphrodite«, Mittel zur Steigerung des Geschlechtstriebs und der Potenz) ist — die Liebe!
Und das nicht nur für Frauen — wie Sie aus eigener Erfahrung wissen —, sondern auch für Männer. (Männer sind schließlich auch Menschen!)
Ansonsten fang ich am besten mal mit den Mitteln an, die als Aphrodisiaka gepriesen werden und *nicht* halten, was sie angeblich versprechen. Und das sind — sämtliche Cremes, Pillen, Tabletten, Zückerchen, die in Sex-Shops angepriesen werden.
Laboruntersuchungen, die immer wieder mal von all diesen Mittelchen gemacht werden, ergeben jedesmal dasselbe: Keines von ihnen zeigt eine »eigenständige« Wirkung.
Ebenfalls abschreiben können Sie die »Original Spanische Fliege«. Als Tablette der Sex-Industrie besteht sie aus Hefe — und ist somit reiner Nepp. Im tatsächlichen Original ist ihr Wirkstoff das, so der Brockhaus, »aus den Kanthariden (Spanischen Fliegen) gewonnene Cantharidin« und davon sind, so der Brockhaus weiter, bereits »0,03 Gramm tödlich«.
Die Empfehlung, die alle Cremes gemeinsam haben, ist: »Ei-

nige Minuten vor dem Liebesakt das gesamte Glied damit einmassieren.« Und jetzt dürfen Sie dreimal raten, was passiert, wenn Hand angelegt wird...
Was Lebensmittel betrifft, denen der Volksmund eine »luststeigernde« Wirkung nachsagt, können Sie Eier ganz und gar vergessen. Sie sind nicht nur, so ergaben diverse Untersuchungen amerikanischer Lebensmittelforscher, keine »An«-, sondern sogar ganz entschieden »Müdemacher«.

Was auf der Liste der Forscher hingegen als Energiespender verzeichnet ist, sind:
★ *Austern (roh genossen!)*
Sie enthalten Jod, das die Schilddrüsenfunktion regelt, gesund und fit hält. Die Schilddrüse ihrerseits regelt die Hirnanhangdrüse. Damit ist die Erregbarkeit des sympathischen Nervensystems und die Wirksamkeit von Adrenalin gewährleistet.
★ *Bohnen*
Sie sind reich an Eisen, Kupfer, Phosphor — und somit für den gesamten Körper eine wahre Energiespritze.
★ *Spargel*
Er enthält eine Säure, die »Müdigkeit neutralisiert«.
★ *Karotten*
Sie bergen große Mengen der Vitamine A und E — und aktivieren dadurch geistige und körperliche Fähigkeiten.
Nun zu den wahren Muntermachern. Da wäre, so entnehme ich *Männer, Männer, Männer* — Sellerie!
Der verleiht Männern *und* Frauen Lust — wenngleich über hunderttausend Umwege. Und die sehen so aus:
Die Frau serviert den Sellerie.
Der Mann verspeist ihn — und folglich auch das Androsteron, das dieses Gemüse enthält.
Androsteron wiederum ist ein Pheromon, ein Duftstoff, der in den männlichen Schweißdrüsen produziert wird, und der dafür sorgt, daß eine Frau einen Mann »gut riechen« kann.

Sobald das Androsteron seine Wirkung tut, fällt die Frau ihrem Mann um den Hals.

Sobald die Frau dem Mann um den Hals fällt, macht ihn das auch an — weil *sie* (zur Abwechslung) die aktive Rolle übernimmt, ihn begehrt.

Sie wissen ja: Begehrt zu werden, erzeugt Begehren — vorausgesetzt, daß es der/die Richtige ist!

Was Sie im Zusammenhang mit Pheromonen übrigens streichen können, sind die angeblich anmachenden Duftwässerchen aus Sex-Läden.

Ein Journalist, der die exklusiven Düfte für die englische Tageszeitung DAILY MIRROR testete (die, wie der gute Sellerie, Androsteron enthalten sollen), hatte damit nicht den erwarteten Erfolg. Zumindest nicht bei Frauen. Wo das Zeug seine Wirkung tat, war — im Schweinestall. Und eine fünfjährige Schimpansin war ganz wild auf den Journalisten. Glücklicherweise konnte der Zirkusdirektor ihm gerade noch rechtzeitig zu Hilfe eilen!

Nach all diesem Vorgeplänkel lassen Sie mich zum Thema »körpereigene Duftstoffe« jetzt Tacheles reden.

Viele Frauen — und vielleicht sind Sie ja eine davon — verweigern ihrem Mann den Cunnilingus, weil sie der Meinung sind, »da unten« unangenehm zu riechen.

So ein Blödsinn, kann ich dazu nur sagen! Denn:

Solange eine Frau jeden Tag duscht — oder sich zumindest von oben bis unten wäscht — kann sie *nirgendwo* schlecht riechen!

Im Gegenteil: Selbst wenn sie gerade ausgiebig Tennis gespielt hat, wird ihr Mann nicht nur nichts gegen ihren frischen Schweißgeruch haben, sondern kann sich vielmehr noch angemacht fühlen!

Sie haben richtig gelesen: Männer lieben den Geruch von »Frau«! Sie vergraben ihr Gesicht gern in Achselhöhlen, zwischen Brüsten — und das auch ohne die Frau selbst zu lieben:

Wie sonst wäre es zu erklären, daß Männer das sogar bei ihnen wildfremden Frauen — wie wir es in der Herbertstraße für sie sind — voller Leidenschaft praktizieren.
Weil wir von oben bis unten nach Parfüm duften, wollten Sie sagen?
Weit gefehlt: Den mit luxuriösem Parfüm und dazugehöriger Bodylotion eingehüllten Körper haben diese Männer zu Hause. Bei Ihnen.
Wenn sie zu uns kommen, wollen sie etwas anderes: und zwar den Geruch von Frau.
Klar gebe ich auch ein paar Tröpfchen Parfüm hinter die Ohren — aber da, wo's drauf ankommt, bin ich gänzlich unparfümiert.
Nicht einmal meine Achseln duften nach irgendeinem Deodorant, sondern schlicht und ergreifend sauber — und auch da, wo es für meine Gäste besonders interessant wird, greife ich nicht zur Intim-Waschlotion, sondern zu (duftneutraler!) Seife:
Intim-Waschlotion und Intim-Spray fördern die Geilheit eines Mannes nämlich nicht, sie töten sie eher ab. Verständlicherweise übrigens. Stellen Sie sich vor, Sie würden parfümierte Lippen küssen! Na bitte. Parfümierte Schamlippen zu küssen, ist ganz bestimmt gleichermaßen scheußlich!
Das wertvollste Parfüm, das Sie also für ihn tragen können, ist der Eigengeruch Ihres Körpers. Das bedeutet auch: Wenn Sie morgens geduscht haben, müssen Sie nicht abends schon wieder unter die Dusche springen, wenn Sie vorhaben, eine Liebesnacht mit ihm zu verbringen.
Im Gegenteil: Wie oft beschweren sich Männer bei mir, daß ihre Frau *zu* penibel sauber sei. Daß sie einen absoluten Waschzwang habe, und sich dann auch noch einparfümiert bis zum Geht-nicht-mehr.
Das sind dann auch prompt die Männer, die uns bitten, an unserem Höschen schnuppern zu dürfen!

Also mal ganz ehrlich: Fänden Sie es nicht sehr viel aufregender für Ihre Beziehung, wenn er statt dessen Ihr Höschen beschnupperte? Geben Sie ihm doch einfach mal eines (ein getragenes, natürlich!) mit ins Büro — und bereiten Sie sich darauf vor, daß Sie ihm an diesem Abend keine Mahlzeit zubereiten müssen — denn die Hauptspeise sind diesmal *Sie*!
(Sollten Sie ihm Ihr Dessous als Überraschung unbemerkt in die Aktentasche stecken, vergewissern Sie sich vorher, daß er allein sein wird, wenn er den Aktenkoffer öffnet. So sehr andere Männer ihn beneiden würden — es könnte schon zu Peinlichkeiten führen, läge Ihr Spitzenhöschen obenauf, wenn er den Stadtreferenten gerade die neuen Zeichnungen für die neue Städteplanung zeigen will!)
Sie können sich trotz meiner langen Rede des Eindrucks nicht erwehren, daß Sie zumindest an manchen Tagen nicht so einladend duften, wie Sie es gern täten?
Keine Angst — diese Befürchtung hatte ich früher auch. Der Umgang mit unzähligen Männern hat mich aber eines besseren belehrt. Wenn ein Mann sich sexuell zu einer Frau hingezogen fühlt, liebt er alle Nuancen ihres Eigenduftes. Immer.
Wenn es denn unbedingt sein muß, können Sie ja vor der heißen Liebesnacht mit ihm in ein Schaumbad hüpfen. Ab und zu kann das sogar sehr nett sein — als Auftakt zum Vorspiel sozusagen.
Vergessen Sie nur bitte nicht, sich (und ihn!) gut abzuduschen, wenn Sie aus der Wanne steigen. Sonst erleben Sie wenig später genau das Dilemma, das ich Ihnen lang und breit erklärt habe. Sie würden (beide) den Geschmack von Badeschaum auf der Zunge spüren! Igitt!
Sauber, sauber, sauber, wie Sie nun sind, haben Sie hoffentlich keine Probleme mehr damit, sich von Ihrem Liebsten am ganzen Körper küssen, lecken und schlecken zu lassen.
Er tut »es« schließlich nicht ausschließlich Ihnen zu Gefallen — obwohl er sich natürlich nichts sehnlicher wünscht, als

daß Sie Spaß daran haben — sondern es erotisiert ihn selber auf höchste Art und Weise — und das seit gut zwei Jahrzehnten etwa. Die Männer der Generation davor nämlich empfanden es als »unmännlich«, die weibliche Scheide mit ihren Lippen und ihrer Zunge zu liebkosen. Und die, die da eine Ausnahme bildeten, schrieben Bücher über diese höchste Männer- und Frauen-Lust.

Das Umdenken bewirkten die Sex-Reports, die Ende der 60er, Anfang der 70er Jahre den Markt überfluteten — und Männern erklärten, daß die Frau schier unendlich orgasmusfähig sei. Vor allem, wenn sie oral stimuliert würde.

Das mußten die Männer natürlich ausprobieren — und perfektionieren. Je mehr Orgasmen sie einer Frau »verschaffen«, desto bestätigter fühlen sie sich als Mann.

Na bitte. Soll noch mal einer sagen, die »sexuelle Revolution« habe ihre Kinder völlig unbefriedigt entlassen. Mit ihrem Loblied auf den Cunnilingus haben Kinsey, Kolle, Comfort, Hite, und wie sie alle heißen, uns Frauen mit Sicherheit einiges gebracht.

Wo wir uns gerade in dieser Region befinden:

Die meisten Männer empfinden »es« *nicht* als störend, geschweige denn abstoßend, während ihre Frau ihre Periode hat. (Und daß die meisten Frauen in dieser Zeit besonders empfänglich für Sexualität sind, dürfte sich mittlerweile nicht nur herumgesprochen haben — das sollten Sie auch aus eigener Erfahrung wissen!)

Sie stört es aber, wenn er Sie in diesen Tagen lieben will? Vor allem in den ersten?

Weil Ihnen die Lust an der Lust vergeht, wenn Sie das Leintuch erst einmal mit Handtüchern abdecken — und vor allem nach dem Liebesspiel gleich ins Bad rennen müssen?

Keine Sorge! Dieses — zugegebenermaßen alles andere als erotisierende — Handtuchholen und vom Bett ins Bad springen muß ab sofort auch für Sie kein Thema mehr sein.

Wir *arbeiten* schließlich sogar, wenn wir unsere Periode haben — einen monatlichen Verdienstausfall von vier bis sieben Tagen kann sich schließlich keine von uns leisten.
Was für einen Trick wir haben?
Ganz einfach:
Wir führen *vor* dem Akt eines der kleinen Naturschwämmchen, die es in Drogerien zu kaufen gibt, in die Scheide ein, wie Sie es von Tampons her kennen. Zuvor allerdings müssen Sie das im trockenen Zustand steinharte Ding unter lauwarmes Wasser halten, dann ganz kräftig ausdrücken — am besten in einem Handtuch! (Das Schwämmchen sollte in etwa den Durchmesser haben, den Sie bekommen, wenn Sie Daumen und Zeigefinger Ihrer Hand zu einem Kreis schließen.)
Das Schwämmchen wird in den meisten Fällen weder Sie, noch ihn stören — das verspreche ich Ihnen.
»Verlorengehen« kann es übrigens auch nicht — egal, wie wild Ihre Liebesnacht verläuft.
Das einzige, was ein bißchen Übung erfordert, ist, das Schwämmchen hinterher wieder herauszufischen. (Das tun Sie am besten, indem Sie *ganz entspannt* auf der Toilette sitzen.)
Keine Panik, wenn Sie das Ding nicht sofort erwischen. Suchen Sie vorsichtig — am besten mit Daumen und Mittelfinger — weiter. Irgendwann werden Sie es schon kriegen.
Sollten Sie sich dabei zu ungeschickt anstellen, können Sie entweder Ihren Mann, oder aber Ihren Gynäkologen bitten, das Schwämmchen wieder zutage zu fördern.
Keine Angst: Weder der eine, noch der andere wird Sie deshalb dumm anschauen. Kavalier, der er ist, wird Ihr Mann Ihnen gern bei der Suche behilflich sein — und Gynäkologen sind ganz andere Dinge gewöhnt (die ich aber weder an dieser, noch an anderer Stelle erörtern möchte — zumal sie alles andere als dazu geeignet sind, Ihr Liebesleben zu beflügeln!).
Zutage gefördert werden *muß* es allerdings — am besten späte-

stens am nächsten Morgen. Naturschwämme wachsen nämlich im Feuchten weiter... und wenn einer davon das in Ihrer Vagina täte, wäre das wohl wenig angenehm — und höchst ungesund dazu!

P.S.
Sollten sie zwar gegen Cunnilingus nichts haben, dafür aber um so mehr gegen das, was Ihr Mann darunter versteht, müssen Sie ihm sanft beibringen, was Ihnen gefällt, und was nicht.
Dazu führen Sie sich am besten noch einmal Teil 2 der Lektion 5 zu Gemüte. Reden allein hilft in solchen Fällen nämlich selten weiter. Sie sollten ihm schon *zeigen* können, wo's langgeht!

Kapitel XI

LEKTION NR. 9

Bleiben Sie am Ball — wenn einer von Ihnen allein *unterwegs ist*

Es kann, wird, muß immer wieder mal passieren, daß einer von Ihnen auf Reisen ist — ohne den anderen.
Trotzdem muß das nicht bedeuten, daß Sie in dieser Zeit voll und ganz auf Sex verzichten müssen — mit Ihrem Partner, versteht sich!
Stimmt natürlich: Mit Körperkontakt ist da nichts drin. Aber das ist, in diesem Fall, auch gar nicht wichtig — wenn man (Frau) sich zu helfen weiß.
Nette Möglichkeiten sind folgende:

1. Telefon(an)ieren Sie mit ihm!

Nachdem Sie Ihre Stimme trainiert und auch keine Angst mehr vor Verbalem haben, dürfte es Ihnen nicht nur nicht schwerfallen, sondern müßte es Ihnen (beiden!) einen Riesenspaß bereiten, ein sexy Telefongespräch miteinander zu führen.
(Schauen Sie mal auf die Anzeigenseiten der diversen Tageszeitungen: Da wird Telefonsex eigens angeboten — als Attraktivität für sich. Und es gibt so manchen Mann, der davon Gebrauch macht — sonst könnten die Frauen, die sich darauf spezialisiert haben, nicht davon leben!)

Wie Sie ein solches Gespräch anfangen?
Zunächst einmal lassen Sie ihn wissen, daß Sie ihn vermissen.
Dann: wie sehr. Dann: warum nicht nur — aber eben doch auch. Sehr.
Dann erzählen Sie ihm, wie schön es wäre, wenn er in diesem Moment bei Ihnen wäre. In Ihren Armen läge — oder Sie in seinen. Sie sich küssen könnten, streicheln — überall.
Wenn er kein Härtefall ist, wird er spätestens zu diesem Zeitpunkt aktiv in das Gespräch einsteigen:
Und Ihnen ebenfalls erklären, daß er Sie vermißt. Wie sehr. Warum nicht nur — aber eben auch.
Und nicht nur er, sondern auch sein Schwanz. Und zwar deutlich. Überdeutlich. Mehr und mehr und mehr...
Wie dieses Gespräch dann weitergeht?
Von allein.
Weil Sie sich gegenseitig so hochschaukeln, daß es von alleine läuft. Weil Sie sich einfach alles sagen, was Sie jetzt gern täten, wie es sich in Ihrer Phantasie/Erinnerung/Vorfreude — anfühlt.
Wie er sich anfühlt. Wie Sie sich anfühlen. Berühren. Wie weit Sie schon auf dem Weg zum Mond sind. Wie und wann Sie dort angelangen. Angelangt sind. Wie traumhaft es dort ist.
Was er weiß. Denn er ist bei Ihnen. Küßt Sie, streichelt Sie durchs Telefon. Ganz inniglich, ganz zart, ganz sanft. Drückt Sie fest an sich. Kehrt langsam wieder zur Erde zurück. Hält Sie dabei an der Hand.
Will sich kaum von Ihnen trennen. Küßt Sie wieder, sagt Ihnen tausend liebe Dinge. Kommt kaum zu Wort, weil Sie ihm tausend liebe Dinge sagen...
Alles klar?

P.S.
Anstandshalber muß ich Sie noch in zwei Punkten vorwarnen:

Erstens: Sie müssen ganz schön stark sein, um nach einem solchen Telefonat den Hörer zurück auf die Gabel zu legen.
Zweitens: Aus (nicht nur) diesem Grund können solche Gespräche die Telefonrechnung drastisch in die Höhe treiben!
(Aber dann: Wären Sie an diesem Abend, in dieser Nacht, mit ihm essen gegangen, hätte das auch ein paar Mark gekostet...)

2. Geben Sie sich ihm mit auf den Weg

a. Als Stimme
Sollte einer von Ihnen beiden auf einer Safari in Afrika, einer Expedition ins Eismeer oder sonstwo telefonisch unerreichbar sein: Wozu gibt's Kassettenrecorder?
Ganz richtig: Um Ihrem Geliebten überall und jederzeit zärtliche, liebe — bis oberaffengeile Worte ins Ohr flüstern zu können.
Also besprechen Sie — je nach Bedarf — eine bis mehrere Tonbandkassetten, die Sie ihm, falls er verreist, mitsamt Recorder (Mini-Kopfhörer nicht vergessen!) ins Reisegepäck schmuggeln: Der Überraschungseffekt wird die Wirkung nur verstärken.
Wenn er das Gerät mit der eingelegten (ersten) Kassette findet, es anschaltet, Sie zu sich sprechen hört — sich blitzschnell entscheidet, die Kopfhörer zu benutzen — fast verrückt wird, daß er sich jetzt, in diesem Moment, nicht für sich ganz allein zurückziehen kann — er ist schließlich mit einem Team auf Safari, auf Expedition!
(Sollten *Sie* unterwegs sein, legen Sie die Kassette ins Kassettenfach Ihrer Stereoanlage — und hinterlassen ihm (im Kühlschrank oder auf dem Kopfkissen) einen Zettel, daß er sie doch einschalten möge. Wenn er *allein* ist!)
Wie auch immer: Wann auch immer er die Kassette hört, werden Sie, wie viele tausend Kilometer Sie auch von ihm entfernt sind, ganz, ganz nahe bei Ihnen sein.

Und er wird *seine* Hand für *Ihre* halten — wozu Sie ihn ausdrücklich ermutigen werden!

P.S.
Sollten Sie nach dem hundertsten Versuch, ein Band für ihn zu besprechen, aufgeben: Greifen Sie zu Henry Miller, Anaïs Nin oder sonst wem — und erstellen Sie ihm ein Buch zum Hören: Lesen Sie es ihm vor (und genieren Sie sich nicht, zwischendurch Ihren Kommentar dazu abzugeben)! Ein Buch zum Hören wiederum ist vorteilhafter, als ihm das Buch selbst ins Gepäck zu legen:
Erstens sind *Sie* es, die ihm die Texte vorliest,
zweitens können Sie jederzeit — unzensierte! — Einschübe machen
drittens — hat er so beide Hände frei...

P.P.S.
Denken Sie daran, ihm genügend Ersatzbatterien mitzugeben! Wenn einer von Ihnen im afrikanischen Busch oder am Nordpol weilt, werden sie dort kaum zu kaufen sein!

b. Als Augenweide
Er liebt Sie, Sie lieben ihn — er findet Sie schön.
Wann haben Sie sich zuletzt fotografieren lassen?
Vor Ewigkeiten?
Dann wird's Zeit, daß Sie ein aktuelles Foto von sich machen lassen. So, wie er Sie am liebsten sieht — bekleidet.
★ Hochgeschlossen, mit Dekolleté, in Jeans und T-Shirt — wie auch immer.
Ihre Beine liebt er ganz besonders?
★ Lassen Sie ein hübsches Foto davon machen — Anregungen wie, finden Sie in der Strumpfwerbung mehr als genug.
★ Er küßt Ihre Schulterpartie so gern und so ausgiebig?
Dann lassen Sie eben die fotografieren.

★ Er kann nicht genug bekommen von Ihrem Mund?
Dann ist es eben der — in Großaufnahme.
Ein Foto, das so gelungen ist, daß Sie sich selber damit wohl fühlen, schmuggeln Sie in sein Gepäck — beziehungsweise legen es ihm aufs Kopfkissen, falls Sie verreisen müssen. In einem Briefumschlag (den es ja bekanntlich in den verschiedensten Größen gibt).
Und mit einem Brief.
Oder mehreren kleinen Briefen, die Sie — jeden für sich — gut zukleben.
Und nun geben Sie's ihm schriftlich. Im wahrsten Sinne des (offenen) Wortes.
Lassen Sie ihn wissen, wie sehr Sie ihn lieben. Und was Sie an ihm ganz generell fasziniert. Aber auch speziell. In bestimmten Stunden.
Und hier und jetzt.
Denn er ist immer nur so weit von Ihnen entfernt, wie Ihre Gedanken vom Denken.
Und... und... und...
Schwelgen Sie in Erinnerungen, formulieren Sie Ihre Vorfreude.
Wetten, daß PENTHOUSE, PLAYBOY, LUI, und wie sie alle heißen, sich für ihn dagegen lesen wie die Steuererklärung von vor fünf Jahren?
Männer lieben es (nicht weniger als Frauen), Liebeserklärungen schwarz auf weiß (oder welche Farbe, Tinte, Briefpapier Sie auch immer wählen!) zu besitzen. Wenn sie dann auch noch erotisch gespickt sind, wird er sie hüten wie seinen Augapfel.
Denn welche Frau setzt sich schon an den Schreibtisch (der Küchentisch tut's natürlich auch!) und schreibt sich alles, was sie für ihren Mann fühlt, von der Seele?
Eine unter tausenden.
Sie.
Seine Frau.

P.S.
Sollten Sie mit Ihren Formulierungen nicht so recht klarkommen, lassen Sie sich von Meistern und Meisterinnen der geschriebenen Erotik inspirieren.
Was Schriftsteller(innen) an Phantasien von sich selbst einem Millionenpublikum preisgeben, werden Sie doch wohl noch Ihren eigenen Mann, Geliebten, Vertrauten verraten dürfen! Wenn Sie ihm gegenüber nicht offen sein können, wem gegenüber dann?

Übrigens: Auch wenn keiner von Ihnen beiden eine Safari oder Expedition unternimmt — einfach mal so zwischendurch geschenkt, können so eine Kassette oder so ein Brief wahrhaftig Wunder wirken!
Es wäre schließlich zu schade, wenn er auf derlei Leckerbissen sein Leben lang verzichten müßte, nur weil Sie oder er weder im afrikanischen Busch noch am Nordpol etwas zu suchen haben!

Kapitel XII

LEKTION NR. 10

Bleiben Sie auf dem Teppich

Jeweils 15 von 100 deutschen Männern verlustieren sich am liebsten im Auto und am Urlaubsort, zehn Prozent in einem Hotel, drei Prozent auf der Arbeitsstelle und je vier im Freien oder einem sonstigen Ort.

Der Rest, nämlich 49 Prozent, bevorzugen (so Frank Schmeichels Sex-Report), für ihr Liebesspiel die Wohnung — die eigene oder die der Partnerin.

»Bevorzugen«, und das weiß ich aus meiner langjährigen Erfahrung, heißt aber keinesfalls »ausschließlich mögen«. Im Gegenteil: Männer lieben — und brauchen! — Abwechslung.

Ob Sie's glauben, oder nicht, einige von ihnen bezahlen sogar teures Geld dafür, mit ihrer eigenen Frau eines unserer Zimmer in der Herbertstraße benutzen zu dürfen.

Ein »normales« Zimmer, wohlgemerkt — nicht eine der »Folterkammern«!

»Ich möchte es einfach mal in einer völlig anderen Umgebung mit meiner Frau treiben«, erklären die Männer, wenn sie diesen Wunsch vortragen.

Damit will ich nun nicht sagen: »Schleppen Sie ihn in den Puff« — sondern lediglich: »Ein ›Ortswechsel‹ kann ganz generell nicht schaden!«

Vor allem aber muß es auch zu Hause nicht immer unbedingt das Bett sein, in dem Sex stattfindet.

Wo also können Sie's in Ihrer Wohnung — außer im Schlafzimmer — treiben?
Überall:
★ In jedem Zimmer (und natürlich auch in der Diele!):
— auf dem Teppich. (Sollte der kratzig statt flauschig sein, sorgen Sie dafür, daß Sie *nicht* unten liegen! Ihre Haut ist schließlich zarter und empfindlicher als seine!)
— an die Wand gelehnt. (Funktioniert allerdings nur, wenn Sie nicht wesentlich größer sind als er!)
— freistehend. (Dafür sollte zumindest *er* sportlich sein. Und nicht zu schwach, um Ihr Körpergewicht tragen zu können!)
— auf der Fensterbank. (*Nicht* ratsam, wenn die Nachbarn aus dem Fenster schauen oder die Straße belebt ist!)
★ In der Küche:
— überm Küchentisch. (Vorzugsweise *nachdem* Sie ihn abgedeckt haben!)
— unterm Küchentisch. (Vorausgesetzt, Sie haben Ihre Vaginalmuskeln ordentlich trainiert! Großartige Bewegungen sind bei so wenig Platz nicht drin!)
— auf der Arbeitsplatte. (Aber stoßen Sie sich nicht am Hängeschrank darüber!)
— auf dem Küchenstuhl. (Möglichst nicht *während* des Essens!)
★ Im Arbeitszimmer:
— auf dem Schreibtisch. (Scharfe Gegenstände, wie Scheren etc., sollten Sie vorher entfernen!)
— auf dem Bürostuhl. (Nicht vergessen: Die Höhe ist verstellbar!)
★ Im Wohnzimmer:
— auf der Couch. (Aber nicht unbedingt während der »Sportschau« — falls er ein Fußballfan ist!)
— auf dem Sessel. (Siehe: auf der Couch.)
— auf der Anrichte. (Solange es sich nicht um ein zierli-

ches Stück aus dem Antiquitätenladen handelt. Ansonsten sollten Sie Ihre Kristallgläser abschreiben, falls welche drinstehen!)
★ Im Bad:
— in der Badewanne. (Mit Wasser gefüllt!)
— auf dem Badewannenrand. (Bei leerer Wanne!)
— auf der Waschmaschine. (Falls Sie die im Bad stehen haben... und sie gerade Ihre Kochwäsche schleudert!)
— unter der Dusche. (Bei aufgedrehtem Wasser! Achtung: Es könnte rutschig werden!)
★ Im Eßzimmer:
— Siehe Wohnzimmer. (Wie weit kommen Sie wohl in einer Nacht/einem Wochenende, wenn Sie sich vornehmen, ihm auf jedem der Stühle rund um den Eßzimmertisch einen Orgasmus zu bescheren? Bedenken Sie dabei auch die verschiedenen Möglichkeiten, die Sie haben, ihn zum Orgasmus zu kriegen!)
★ Im Kinderzimmer:
— auf dem Schaukelpferd. (Welches seinen besonderen Reiz hat — sofern die Kinder bei Oma sind!)
— im Bett. (Wenn es Sie und ihn überkommt, während Sie dort Ordnung machen. Nicht vergessen: Danach frische Bettwäsche aufziehen!)
★ Im Gästezimmer:
— im Bett. (siehe Kinderzimmer!)
★ In der Sauna:
— auf der Sauna-Bank. (Heizen Sie nicht zu sehr ein — den Raum. Sonst geht *er*, wenn er kommt — auf ewig.)
Außerhalb der Wohnung haben Sie natürlich schier unbegrenzte Möglichkeiten:
★ Im Freien:
— überall, wo man Sie nicht wegen »Erregung öffentlichen Ärgernisses« verhaften könnte. (Also — selbst im Dunkeln — vorsichtshalber *nicht* mitten auf dem

Münchner Marienplatz, dem Hamburger Jungfernstieg, der Düsseldorfer Kö und so weiter!)
★ Im Wasser:
— im Wasser. (Falls Sie *keine* Wasserratte sind, sollten Sie nur flache Gewässer wählen. Im tieferen werden Sie zwar kaum ertrinken, aber Sie wissen ja: Wenn man sich sich nicht voll und ganz wohlfühlt, kann man nicht so recht genießen, was man da gerade tut.)
— im Boot. (Sofern das Boot stabil genug und Sie weit genug draußen sind!)
★ In der Bundesbahn:
— im Abteil. (Wenn schon, denn schon: In der 1. Klasse ist's bequemer. Außerdem haben Sie da größere Chancen, allein zu sein und zu bleiben. Warten Sie auch bitte erst ab, bis der Schaffner Ihre Fahrkarten entwertet hat. Sie wollen den guten Mann doch nicht frustrieren!)
— im Gang. (Dafür ist unbedingt ein weiter Rock erforderlich!)
★ Im Flugzeug:
— im Waschraum. (Vorausgesetzt, Sie sind beide schlank. Sonst wird's zu eng!)
— auf dem Sitz. (Nur auf Langstreckenflügen unter der Decke empfehlenswert — und das auch nicht unbedingt, wenn Sie mit der Sonne fliegen!)
— in der Jumbo-Bar. (Falls Sie den Nervenkitzel lieben, überrascht werden zu können. Sollte das allerdings tatsächlich passieren und der Pilot, sprich: der »Hausherr«, Ihnen Einhalt gebieten: Hören Sie auf ihn! Falls er zickig ist, kann er zu einer Notlandung ansetzen, um Sie hinauszuwerfen — und das kann Sie verdammt teuer zu stehen kommen!)
★ Im Taxi:
— auf dem Rücksitz... (...in London! Da sind Sie nämlich eher mehr als minder für sich. Dazu kommt: Lon-

doner Taxifahrer sind das gewöhnt: Nachts fahren sie so manche Hosteß aus einem der Clubs um den Picadilly Circus — mit ihrem Gast natürlich eigens zu diesem Zweck ein paarmal um den Block!)
★ Im Auto:
— je nach Möglichkeit, sprich Fabrikat. (Wenn's irgend geht nicht mitten auf der Autobahn bei einer Geschwindigkeit von 200 Stundenkilometern — und auch nicht unbedingt bei Tempo 30. Vergessen Sie nicht: Jeder Lastwagenfahrer kann sehen, was Sie treiben — und könnte vor Schreck, oder weil's ihn so angenehm ablenkt, in Sie hineinfahren!)
★ In öffentlichen Gebäuden:
— je nach Gegebenheit (Meiden Sie allerdings grundsätzlich Orte wie Notre Dame oder den Kölner Hauptbahnhof!)
— im Lift. (Sofern Sie ihn auf »Durchfahrt« stellen können — oder ihn anhalten. Zusteigende Passagiere erweisen sich als nervig.)
★ Am Arbeitsplatz:
— je nach Gegebenheit. (Lassen Sie sich, wenn's irgend geht, aber nicht von dem Putztrupp erwischen — sonst weiß es am nächsten Tag die ganze Stadt!)
★ In Restaurants:
— überm Tisch, unterm Tisch. (Solange Sie keinen Wert darauf legen, dieses Lokal je wieder zu betreten!)
★ Im Kino:
— auf dem Sitz. (Wo sonst? Bitte nicht während eines Pornofilms — das ist phantasielos!)
★ Im Krankenhaus:
— nach Möglichkeit. (Sex ist gesund!)
★ Auf der Bühne des Hamburger »Salambo« oder in einem ähnlichen Amüsierschuppen. (Dann sollten Sie allerdings Geld dafür nehmen!)

★ als einmalige Gelegenheit:
  — auf dem Gerichtsflur. (*Nach* der Scheidung. Damit er — nachdem er es so weit kommen ließ — wenigstens begreift, was er an Ihnen verloren hat!!!)

Was in diesem Kapitel noch fehlt, ist natürlich das *Wann*. Dazu kann ich nur sagen:
Rund um die Uhr!
(Sie würden sich wundern, wenn Sie sehen würden, wie viele unserer Gäste *vor* der Arbeit zu uns kommen!)
Und wann insbesondere? Nun denn:

★ Vor dem Aufstehen:
  — Den Wecker eine Stunde früher stellen!
★ In der Mittagspause:
  — Hervorragend für Ihre — und seine — Diät! Erstens ersparen Sie sich die Mahlzeit, zweitens verbrennt sexuelle Aktivität Kalorien (sofern Sie öfter mal die Stellung wechseln, versteht sich)!
★ Während der Arbeitszeit:
  — »Quickies« — Sex, der weniger als fünf Minuten dauert — sind zwischendurch auch mal ganz schön!
★ Gleich wenn er zur Tür hereinkommt:
  — Außer er wankt. Mit betrunkenen Männern macht Sex keinen Spaß!
★ Während einer Fahrt von A nach B:
  — Wozu Sie allerdings bitte in einen verkehrsarmen Seitenweg einbiegen und dort anhalten!
★ Wenn Sie nachts aufwachen:
  — Wobei Sie die Sache *langsam* angehen lassen — geben Sie ihm Gelegenheit, die Situation erst einmal zu umreißen!
★ Wenn's regnet:
  — Sex ist hervorragend gegen Depressionen — er läßt auch einen grau-in-grauen Tag strahlend schön werden.

- ★ Wenn die Sonne scheint:
  — weil man dann sowieso gut drauf ist
- ★ Wenn's schneit und friert:
  — weil Sex so schön einheizt
- ★ Wenn Sie am nächsten Tag besonders schön sein wollen oder müssen:
  — Sex ist das wirksamste Schönheitsmittel der Welt
- ★ Wenn Sie (und/oder er) Grippe haben:
  — Sex ist — und macht! — gesund!
- ★ Wenn Sie (und/oder er) beruflich besonders gefordert sind:
  — Sex macht kreativ!
- ★ Immer, immer, immer, immer wenn Ihnen danach zumute ist:
  — Keine Angst: Er wird schon nicht sein »Potenzial« verschießen. Wer das glaubt, ist einem Ammenmärchen aufgesessen. (Das Gegenteil ist der Fall: Je öfter Sie's treiben, desto süchtiger werden Sie — beide. Voraussetzung ist allerdings, daß Ihnen — beiden — Sex wirklich Spaß macht. Nur dann nämlich erhöhen Sie den Sexualhormonspiegel, der zu immer neuen Taten beflügelt!)

Kapitel XIII

LEKTION NR. 11

*Der Männer häufigster Wunsch:
»Machen wir's mündlich«*

Immer wenn Ihnen — oder ihm — »danach zumute ist«, meinen Sie, sei ein Geschlechtsakt kaum möglich? Weil die äußeren Umstände so ungünstig seien, daß sie selbst gegen ein »Quickie« sprächen?
Nun denn — es muß ja nicht immer ein »voller Geschlechtsakt« sein. Wie wär's, wenn Sie das, was sonst Teil des Vor- und Nachspiels ist, ganz einfach zur Hauptattraktion des Augenblicks machten?
Sie haben es erraten (was bei der Kapitelüberschrift allerdings keine große Kunst ist!): Stimulieren Sie ihn mit dem Mund. Bis zum Ende.
Bis zum bitteren Ende, werfen jetzt gewiß einige von Ihnen ein. Und drum fang ich bei dieser Lektion einmal ganz von vorn an.
Fast jeder Mann, der zu uns kommt, fragt: »Machst du es auch französisch?«
Bis auf die Stiefelfrauen, zu denen ich später noch komme, beantworten alle meiner Kolleginnen, und auch ich, diese Frage mit »ja« — ob es nun um Cunnilingus oder Fellatio geht.

Erst kürzlich war ein junger, gutaussehender Mann bei mir, der mir erzählte, daß er frisch verheiratet sei.

»Was willst du dann bei mir?« konnte ich mir nicht verkneifen, ihn zu fragen.
»Du nimmst meinen Schwanz in den Mund«, erwiderte er. *»Meine Frau nicht.«*

Stimmt natürlich: Es gibt so einige (leider sehr ungute) Gründe, aus denen viele Frauen sich weigern, Fellatio auszuüben:
1. Der Penis, sagen sie sich, ist nicht nur das Geschlechtsorgan des Mannes, sondern er scheidet damit auch Harn aus. Damit ist der Penis unsauber... allein der Gedanke, ihn mit dem Mund zu berühren, ist widerlich.
2. Sie haben — mit dem ersten Mann — schlechte Erfahrungen in punkto Fellatio gemacht. Der Mann ging so grob dabei vor, daß ihnen dabei, ein für allemal, jede Bereitschaft dazu verlorenging.
3. Schon der Gedanke daran, den Penis eines Mannes in den Mund zu nehmen, löst bei ihnen Würgereflexe aus. Wenn bereits ein Finger in den Hals gesteckt, Übelkeit auslöst, denken sie sich, was wird dann erst bei einem Penis passieren, der doch beträchtlich größer ist.
4. Sie befürchten, der Mann könne in ihren Mund ejakulieren. Allein diese Vorstellung ist ihnen unerträglich.

Um die Dinge zunächst einmal klarzustellen:
1. Solange der gesamte Mann sauber ist (was ich vorerst einmal voraussetze!): Weshalb in aller Welts Namen sollte dann ausgerechnet sein Penis »unsauber« sein? (*Ihr* Genitalbereich, ebenfalls Sitz des Harnausscheidungsorgans, ist es schließlich auch nicht — weil Sie sich jeden Tag von Kopf bis Fuß gründlich waschen, duschen oder baden!)
2. Das erste Fellatio-Erlebnis mit einem unsensiblen Mann gehabt zu haben, macht verständlicherweise alles andere als Appetit auf diese sexuelle Variante. Aber es gibt Möglichkeiten, diese traumatische Erinnerung ad acta zu legen.

3. Haben Sie schon einmal etwas von »Deep Throat« gehört? Was Linda Lovelace fertiggebracht hat, kann jede andere Frau auch. Vorausgesetzt, sie weiß, wie. (Davon ganz abgesehen: Es muß ja nicht unbedingt »Deep Throat« sein. Weniger genügt auch!)
4. Wer sagt denn, daß der Mann in den Mund der Frau ejakulieren *muß*? Die, denen diese Vorstellung absolut unerträglich ist, können Fellatio als reines Stimulans einsetzen — und rechtzeitig zu einer anderen Variante des Liebesspiels übergehen.

Keine Angst — so schnell lasse ich Sie mit Ihren Fellatio-Problemen nicht alleine! Um alte Vorurteile abzubauen, müssen Sie und ich schon ein wenig mehr ins Detail gehen — und genau das werde ich jetzt tun (und Sie ziehen mit, indem Sie weiterlesen!):

1. Sollte Unsauberkeit tatsächlich das Problem sein — schaffen Sie es ab! Denn mit einem ungewaschenen Mann sollte keine Frau auch nur im geringsten in Berührung kommen. Punkt, aus, basta.

Einwerfen muß ich hier leider allerdings, daß es Männer gibt, die sich offensichtlich tage- oder wochenlang nicht waschen — von denen, die zu mir kommen, ist es in etwa jeder dritte! Das ist natürlich eine Zumutung — für jede Frau.
Was ich mit solchen Männern mache?
Die richtig verdreckten schicke ich unverrichteter Dinge wieder fort — mit der Auflage, ein Vollbad zu nehmen, bevor sie es wagen, erneut aufzutauchen.
Die anderen fordere ich auf, sich — am Waschbecken in meinem Zimmer — erst einmal gründlich zu waschen, bevor ich auch nur einen Finger rühre.
Und genau das würde ich Ihnen auch empfehlen: Wenn Sie einen wasserscheuen Mann zu Hause haben, erziehen Sie ihn zu dem Gebrauch von Wasser und Seife!

Das können Sie ganz locker und spielerisch tun, ohne seine Gefühle zu verletzen. Stellen Sie sich mit ihm zusammen unter die Dusche! (Ein gemeinsames Bad ist in solchen Fällen weniger zu empfehlen! In kohlrabenschwarzem Wasser zu liegen, macht alles andere als Spaß!)

Selbst wenn Ihr Mann kein Waschmuffel ist, Sie aber dennoch die Befürchtung hegen, er könne »da unten« nicht sauber genug sein: Bitten Sie ihn ganz einfach, seinen Penis vor dem Liebesspiel noch einmal zu waschen. Das wird er ganz gewiß gern tun, wenn er weiß, daß es für Sie von Bedeutung ist!

2. Eines gleich vorweg: Nichts liegt mir ferner, als gerade Sie zu Fellatio »überreden« zu wollen.

Genauer gesagt: Ich will überhaupt niemanden zu auch nur irgend etwas überreden. Alles, was ich im Sinn habe, ist, Sie aufzufordern, Ihre geistige Einstellung (wozu auch immer!) noch einmal zu überdenken — und *eventuell* zu ändern. Und Ihnen Anregungen zu geben, *wie* Sie das am besten tun könnten — beziehungsweise, was Sie tun können, damit *Sie* diejenige sind, die den Ton angibt.

Wie also können Sie sich eines aggressiven Mannes erwehren, der seinen Penis so heftig in Ihren Mund stößt und Ihren Kopf so darauf heruntterdrückt, daß er damit einen Knebelreflex auslöst?

Ganz einfach: Tun Sie, was wir tun.

Greifen Sie seinen Penis mit der einen, seine Hoden mit der anderen Hand. Will Ihr Partner grob werden, halten Sie seinen Penis mit der einen Hand dort fest — und gestatten ihm somit keine weitere Bewegung in Ihre Richtung. Mit der anderen Hand drücken Sie seine Hoden fest zusammen. Spätestens nach dem dritten Mal wird er kapieren, was Sache ist...

Mit ihm reden werden Sie natürlich auch darüber. Und ihm sagen, daß er sehr viel mehr davon hat, wenn er *Ihnen* die Führung (seines Penis' in Ihren Mund) überläßt.

Falls er das nicht zulassen mag: Streichen Sie die Möglichkeit, diesen Mann je mit Fellatio zu beglücken. Und sorgen Sie sich nicht, wenn er Ihnen damit droht: »Dann hole ich mir das eben woanders!«

Woanders wird er es nämlich auch nicht kriegen. »Privat« nicht — und bei uns schon überhaupt nicht. Denn sobald wir das dumpfe Gefühl haben, ein Mann könnte grob werden, nehmen wir seinen Penis in die eine, seine Hoden in die andere Hand — und weiter geht's, wie auf der vorherigen Seite bereits beschrieben.

3. Auch hier gleich eines vorweg: Wer sagt denn, daß der Penis eines Mannes bereits erigiert, geschweige denn voll erigiert sein muß, bevor Sie ihn mit Lippen und Zunge liebkosen?

Niemand — denn so muß es keinesfalls sein. Im Gegenteil:

Es ist (*privat* — denn davon reden wir hier!) für beide Beteiligte sehr viel erotischer, die orale Stimulierung an einem gar nicht oder nur halb erigierten Penis zu beginnen.

Nehmen Sie ihn einfach ganz zärtlich in Ihre Hand und — beschmusen, küssen und schlecken Sie ihn ab.

Von absoluter Wichtigkeit ist dabei allerdings, daß Sie das *gern* tun — und nicht aus irgendeinem falsch verstandenen »Pfichtgefühl« heraus!

Sollten Sie — trotz aller bereits erschienenen Literatur über Sexualtechniken — nicht wissen, wie Sie seinen Penis küssen und dann weiter verfahren sollen, so finden Sie die Einzelheiten darüber am Ende dieses Kapitels.

4. Zunächst einmal sollten Sie drei Dinge wissen:

Erstens: was den Geschmack der Samenflüssigkeit betrifft, so steht er in keinem Vergleich zu manchem Hustensaft und zu Lebertran schon gar nicht — *die* schmecken nämlich scheußlich. Sperma hingegen ist weder sauer, noch süß, manchmal vielleicht ein wenig bitter und ein wenig salzig — aber keinesfalls unangenehm im Geschmack.

Zweitens: den Samen eines Mannes zu schlucken ist — entgegen aller verbreiteten Ammenmärchen! — weder »gesund«, noch »ungesund« (wie so vieles andere auch, was Sie tagtäglich bedenkenlos zu sich nehmen).

Ansonsten: Probieren Sie doch einfach einmal ganz vorsichtig mit der Zungenspitze ein winziges Tröpfchen Samen, das sich auf seine — oder Ihre — Haut »verirrt« hat! (*Das* wird Sie ganz sicherlich nicht umbringen — von allen anderen »exotischen Gerichten« nehmen Sie doch auch eine Gabelspitze, um festzustellen, ob Sie Ihnen munden, oder nicht!)

Drittens: Falls Sie Bedenken haben, daß Ihr Partner während seines Orgasmus versehentlich Harn ausscheiden könnte — vergessen Sie sie! Denn während der Ejakulation ist der Eingang zur Blase durch einen Reflex verschlossen.

Das hätten wir also geklärt.

Dennoch möchten Sie nicht riskieren, Sperma in den Mund zu bekommen?

Dann müssen Sie es auch nicht.

Reden können Sie mit Ihrem Partner — und bitten Sie ihn, Ihnen seinen bevorstehenden Orgasmus anzukündigen (obwohl Sie eigentlich bald selber fühlen müßten, wann er soweit ist) —, um das Liebesspiel auf eine andere Weise fortsetzen zu können.

Die Technik

Fellatio

Ich weiß, es ist ein altes Klischee (und in jedem anderen Sexberatungsbuch zu finden!), aber behandeln Sie den Penis Ihres Mannes wie — eine Eiscremetüte:

Halten Sie den Schaft in einer Hand, bedecken Sie ihn sanft mit Küssen und lassen Sie Ihre Zunge dann zärtlich um die Spitze kreisen.

Erkunden Sie den Penisschaft mit Ihren Lippen, Ihrer Zunge. Streifen Sie dann um den Rand des Peniskopfes herum und liebkosen sie ihn mit vibrierenden Zungenbewegungen.

Öffnen Sie die Lippen und nehmen Sie den Peniskopf sanft in Ihren Mund. Achten Sie darauf, ihn nicht mit Ihren Zähnen zu verletzen.

Gleiten Sie dann mit Ihrem Mund am Penis auf und ab. Um in dieser Situation die absolute Kontrolle zu behalten, umschließen Sie den Penis mit einer Hand. Dadurch können *Sie* bestimmen, wie tief sie ihn in Ihren Mund hineinlassen — oder eben nicht: Denn Ihre Hand übernimmt die Funktion eines Stoppers.

Das tut sie allerdings nicht *nur* — denn der Penis liebt es, mit Hand und Mund zugleich stimuliert zu werden. Führen Sie also nicht nur Ihre Lippen, sondern auch Ihre Hand auf und ab.

Nun bleibt Ihnen nur noch, den Rhythmus zu finden, der Ihrem Partner das größte Vergnügen bereitet — und dabei wird er Ihnen gewiß gern helfen.

Daß Sie diese Art von Liebkosungen schier unendlich ausdehnen können, versteht sich von selbst — vorausgesetzt, sie gönnen ihm (und sich) immer wieder mal eine kleine Pause.

Sobald Sie diese Technik beherrschen, können Sie beginnen, auch die Hoden zu liebkosen, während Sie seinen Penis küssen, an ihm lutschen, an ihm saugen — eine Hand haben Sie ja noch frei (solange Sie sie nicht von vornherein um seine Hoden gelegt haben, um notfalls fest zuzudrücken, falls er grob wird!).

Seine Hoden küssen, streicheln, drücken Sie — letzteres ruhig ein bißchen fester, aber diesmal mit Gefühl. Ihr Partner wird Sie schon wissen lassen, was ihm die größte Lust bereitet.

Wenn Ihr Partner orgasmusbereit ist, können Sie sich zurückziehen, falls Sie nicht wollen, daß er in Ihren Mund ejakuliert. Bringen Sie ihn dann — je nachdem, wieviel Zeit ihm bis zum Höhepunkt bleibt — entweder mit der Hand zum Orgasmus oder gehen Sie zum Geschlechtsverkehr über.

Was Sie bitte, bitte, keinesfalls tun sollten, ist: Während des Fellatio zu würgen — oder nach dem Fellatio zu spucken.

Achten Sie also lieber von vornherein darauf, daß Ihr Partner Ihnen seinen Penis nie so tief in den Mund stoßen kann, daß Sie würgen *müssen* (gegen einen solchen Reflex ist kaum wer gefeit!) und daß Ihr Partner nicht in Ihren Mund kommen kann, wenn Sie es absolut nicht wollen.

Soixante-neuf »69«

Viel gibt es zu dieser Variante nun nicht mehr zu sagen, denn sie ist schlicht und ergreifend die *gleichzeitige und gegenseitige* Stimulierung des männlichen und weiblichen Geschlechtsorgans mit Mund und Zunge.

Manche schwören auf diese Praktik, andere belassen es lieber bei Cunnilingus und Fellatio, beziehungsweise verwöhnen und stimulieren sich gegenseitig *nacheinander* oral — weil sie so die Liebkosungen ungestört genießen können, die ihnen auf diese Weise zukommen.

P.S.
Cunnilingus, wie ich ihn hier beschrieben habe, ist selbstverständlich für den »Privatgebrauch«! Glauben Sie also bitte bloß nicht, das sei der Service, den ich meinen Gästen biete. Oft nehme ich ihren Penis nicht einmal in den Mund — sondern reibe ihn an meinem Hals.
Da Sie zu Hause allerdings kaum damit durchkommen werden, erspare ich Ihnen lange Erläuterungen — zumal dieses Buch kein Leitfaden fürs Gewerbe ist.
Kurzum: Hier geht es nicht (oder kaum) darum, wie Sie »ihm« Illusionen verkaufen, sondern wie Sie seine kühnsten Träume wahr werden lassen können.

Kapitel XIV

EIN KAPITEL FÜR SICH:

Alkohol und Drogen als sexuelle Stimulanzien

Damit wir uns gleich richtig verstehen: In diesem Kapitel geht es nicht darum, was die Frauen auf dem Kiez an Alkohol und anderen Drogen verkonsumieren oder nicht. Was hier ganz schlicht und ergreifend interessiert, ist, ob und inwiefern Alkohol oder Drogen *Ihrem* Liebesleben zuträglich sind.
Also untersuchen wir das einmal — der alphabetischen Reihenfolge nach.

Alkohol
Kleine Mengen Alkohol, also ein, zwei Glas Sekt zum Beispiel, steigern das sexuelle Verlangen, sprich: enthemmen Sie ein wenig. Dagegen ist also nichts einzuwenden.
Große Mengen Alkohol hingegen verderben Ihnen auf die verschiedenste Weise den Spaß an Sex:
Statt enthemmt zu sein, werden Sie entweder hundemüde — oder aber Ihnen wird hundeelend. Dazu kommt: Bereits nur ein Glas zuviel schadet Ihrer Lust — weil Sie Orgasmusschwierigkeiten kriegen können. (Sollten Sie das Glas zuviel gerade *wegen* Ihrer Orgasmusschwierigkeiten getrunken haben, muß ich Sie deshalb enttäuschen: Damit kommen Sie nicht weiter — nämlich erst recht nicht zum Höhepunkt.)

Einem Mann, der zuviel trinkt, drohen nicht nur Orgasmusschwierigkeiten, sondern er bekommt bereits Probleme mit seiner Erektion. Im Einzelfall — und auf Dauer sowieso.

Amphetamine
Amphetamine, also Wachmacher, steigern zwar das sexuelle Verlangen, hemmen aber letztlich den Orgasmus.
Also sind sie nicht das Wahre für eine heiße Liebesnacht.

Antidepressiva
Antidepressiva, also das Gegenteil der Amphetamine, putschen Sie nicht auf, sondern machen Sie gleichgültig. Das wiederum bedeutet, daß Sie rundherum lustlos werden.
Also sind auch diese Pillen für Ihr Liebesleben alles andere als geeignet.

Blutdrucksenkende Mittel
Sie senken nicht nur den Blutdruck, sondern auch Ihr Interesse an Sexualität.
Sollten Sie derlei Präparate einnehmen, brauchen Sie sich über Desinteresse Ihrem Partner gegenüber nicht zu wundern. (Und auch nicht über seines Ihnen gegenüber — falls er Pillen dieser Art schluckt!)

Ecstasy
Diese neue Modedroge ist von ihrer Wirkung her eine Mischung aus Kokain und LSD. Das Herz beginnt zu rasen, der Blutdruck steigt, das sexuelle Verlangen auch, und dann — dann fliegt Ihnen der Kopf weg.
Ob Sie Ihren Orgasmus genießen können, hängt davon ab, ob Ihnen die Zeit dafür bleibt — oder ob Sie mit einem Herzkasper in die nächstbeste Klinik müssen.
Kurzum: Ecstasy als Liebespille müssen Sie auch vergessen. Und zwar schnell.

Kokain
In seiner Wirkung den Amphetaminen ähnlich, steigert auch Kokain das sexuelle Verlangen — aber dem Orgasmus können Sie Adieu winken.
Mehr noch: Regelmäßig genommen, steigert Kokain das sexuelle Verlangen nicht mehr — sondern hemmt es.
Sparen Sie sich also das viele Geld, das Sie für Kokain auf den Tisch legen müßten — und geben Sie es lieber für etwas aus, woran Sie wirklich Freude haben.

Halluzinogene
LSD und ähnliche Halluzinogene steigern Ihr sexuelles Verlangen — nicht. Selbst wenn Sie auf einem freundlichen Trip sein sollten, der sexuelle Aktivitäten beinhaltet: Orgasmusfördernd kann man die Wirkung von Halluzinogenen beim besten Willen nicht nennen. Denn sie ist eher das Gegenteil.
Also auch hier zeigt der Daumen nach unten.

Marihuana
Marihuana — Gras, Haschisch, Shit — fördert das sexuelle Verlangen (sofern Sie nicht vorher einschlafen) und hat eine orgasmusverzögernde Wirkung.
Männer könnten davon profitieren, Frauen weniger.

Opiate
Weil sie zu den Müde-, nicht den Muntermachern gehören, kommen Sie weder Ihrem sexuellen Verlangen noch Ihrer Orgasmusfähigkeit zugute. Im Gegenteil: Sie wirken ähnlich wie Antidepressiva.
Also: Hände weg, Hände weg, Hände weg von Opiaten!

Poppers
Der Wirkstoff dieser Schnüffeldroge, die es in Sex-Shops zu

kaufen gibt: Isoamylnitrit, das einst als Mittel gegen akute Angina-pectoris-Anfälle eingesetzt wurde.

Poppers werden nicht zur Steigerung des sexuellen Verlangens geschnüffelt, sondern hauptsächlich kurz vor dem Orgasmus, um dessen Intensität zu verstärken. Die Wirkung dauert nur Sekunden.

Manche unserer Gäste verlangen nach Poppers; meine Kolleginnen und ich lassen die Finger (und vor allem die Nase!) von dem Fläschchen. Uns geht es schließlich nicht darum, unsere Lust zu steigern, sondern wir wollen unsere Jobs tun.

Fazit:
Die effektivste — und zugleich auf Dauer ungefährlichste — Droge ist und bleibt: die Liebe.

Kapitel XV

NOCH EIN KAPITEL FÜR SICH:

Wenn er — trotz allem — nicht kann

Sie verstehen die Welt nicht mehr: Da wollte er nichts sehnlicher, als mit Ihnen ins Bett — und nichts tut sich.
An *Ihrer* Person, das wissen Sie, kann es nicht liegen:
Er liebt Sie — Sie lieben ihn.
Mehr noch: Sie sind eigentlich etwas, was es gar nicht gibt.
Nämlich die perfekte Frau. Für ihn.

★ Sie geben ihm Zärtlichkeit,
★ Geborgenheit,
★ Sex...
★ ...und bekochen ihn auch noch (ganz zu schweigen davon, daß Sie seine Socken waschen, seine Hemden bügeln).
★ Sie schalten Ihre Stimme um eine Oktave runter...
★ ...ansonsten drehen Sie auf.
★ Sie lassen das Licht an...
★ ...und schalten das Telefon aus.
★ Sie machen sich schön für ihn — weil Sie sich freuen, daß er sie begehrt.
★ Sie sorgen für Abwechslung — nicht nur auf dem Speisezettel.
★ Er kann Ihnen sagen, was ihm Spaß macht. (Denn daß er seine Wünsche artikuliert, schockiert Sie nicht, sondern macht Sie eher noch wilder auf ihn, als Sie es ohnehin schon sind.)

- ★ Mit Ihnen kann er lachen. Im Bett und außerhalb.
- ★ Mit Ihnen kann er alles sein: verschmust, verspielt, geil.
- ★ Bei Ihnen muß auch nicht immer *er* die Initiative ergreifen: Sie begehren ihn ebenso wie er Sie — und Sie lassen es ihn wissen. Fühlen.

Kurzum: Sie sind genau die Frau, die jeder Mann sich wünscht — und von einem Tag auf den anderen passiert im Bett gar nichts (mehr).
Stopp!
Bevor Sie in Panik ausbrechen: Wie wäre es, wenn Sie die harmloseste aller Eventualitäten in Betracht zögen?
Und das ist die, daß er ganz einfach gestreßt ist:

- ★ Er hat Ärger auf der Arbeitsstelle — mit Vorgesetzten, Untergebenen oder Kollegen.
- ★ Er kommt mit einem Projekt, an dem er arbeitet, nicht weiter.
- ★ Er hat Probleme mit seiner Familie, sprich Eltern oder Geschwistern.
- ★ Er ist körperlich nicht auf der Höhe.
- ★ Er ist einfach gestreßt, weil er schon lange keinen Urlaub mehr hatte.
- ★ Er hat finanzielle Sorgen.
- ★ Er hat das erste graue Haar an sich entdeckt (was für viele Männer schon fast ihrem eigenen Totenschein gleichkommt!).
- ★ Er hat nicht nur eines der soeben genannten Probleme, sondern gleich mehrere davon. (Wenn es dick kommt, dann kommt es gleich knüppeldick!)

Mal ehrlich: Können *Sie* ganz einfach abschalten und sich vergnügen, wenn Sie ernsthafte Sorgen haben (oder zu haben glauben — wobei die Auswirkungen die gleichen sind)?
Ganz sicher nicht.
Menschen sind keine Roboter — und selbst Roboter sind nicht immer gut drauf, sprich manchmal defekt.

Was also rate ich Ihnen?
Überbewerten Sie es nicht, wenn sich heute mal bei ihm nichts rührt — obwohl Sie sich in die Strapse (jawohl, die Strapse!) geworfen haben, die er an Ihnen so gerne sieht.
Mehr noch: Bewerten Sie *gar nicht*, daß sein Penis heute keinerlei Reaktion zeigt — obwohl der Mann, zu dem er gehört, willig ist:
Jeder Mann hat mal einen schlechten Tag — und das ist völlig legitim.
Wenn Sie jetzt ein Drama daraus machen, oder ihn mit aller Gewalt auf Hochtouren bringen wollen, ist es ganz aus — mit der Möglichkeit, ihn überhaupt auf Touren zu bringen.
Machen Sie sich eines klar: Mit Gewalt geht in punkto Sex gar nichts — es sei denn, es handelt sich um Sadomasochisten, zu denen wir aber erst in einem späteren Kapitel kommen.
Frustrieren Sie also ihn und sich nicht noch mehr, indem Sie »es« erzwingen wollen, sondern wechseln Sie das Thema, beziehungsweise ändern Sie das (Abend-)Programm:

★ Offerieren Sie ihm — zur Abwechslung — nicht sich, sondern ein Glas Wein (Bier, oder was immer er gern trinkt).
 — Geben Sie ihm so Zeit zu entspannen.
★ Legen Sie — falls Sie das nicht schon getan haben — eine Schallplatte auf, die Ihnen beiden gefällt. (Diesmal bitte nicht den »Bolero« von Ravel — sonst packt ihn gleich wieder die Panik!)
 — Geben Sie ihm so Zeit zu entspannen.
★ Unternehmen Sie etwas mit ihm — falls es dafür nicht schon zu spät am Abend ist — vielleicht ist noch ein Kinobesuch drin.
 — Geben Sie ihm so Zeit zu entspannen.
★ Unterhalten Sie sich mit ihm über irgend etwas — aber *nicht* über Sex und schon gar nicht über sein (und Ihr) momentanes sexuelles Problem.

— Geben Sie ihm so Zeit zu entspannen.
★ Nehmen Sie mit ihm ein gemütliches Schaumbad — und fummeln Sie unter oder über Wasser *nicht* an ihm herum.
— Geben Sie ihm so Zeit zu entspannen.
★ Massieren Sie liebevoll seinen Rücken — *nicht* seine Lenden oder gar den Genitalbereich!
— Geben Sie ihm so Zeit zu entspannen.
★ Tun Sie einfach alles, was liebevoll und zärtlich — aber *keinesfalls* erotisch ist... — ... und geben Sie ihm so die Gelegenheit, sich völlig entspannt plötzlich wieder zum Leben erweckt zu sehen.

Nur so funktioniert's — vorausgesetzt, Sie stellen es richtig an, und er durchschaut Ihre Absicht nicht.

Aber auch wenn Sie an diesem Abend, in dieser Nacht, auf Sex mit ihm verzichten müssen, ist das kein Grund zur Beunruhigung! Kein Mann kann immer können — selbst dann nicht, wenn er wirklich will.

Kritisch wird es erst, wenn er öfter hintereinander nicht kann...

Aber auch das können Sie in den Griff kriegen — im wahrsten Sinne des Wortes. Und zwar mit

Trick 17

Wenn alles, aber auch alles, was ich Ihnen bislang vorgeschlagen habe, nichts hilft, müssen Sie zu »Trick 17« greifen — wie wir es bei fast jedem Gast automatisch tun (um zu verhindern, daß sein Penis plötzlich »einen eigenen Kopf« bekommt — und sich verweigert)!

»Trick 17« bedeutet: Sie müssen seine Hoden abbinden.

Keine Angst, das hört sich schlimmer an, als es ist! Mehr noch: Es ist nicht schlimm, sondern lustvoll für den Mann, dem Sie diesen Liebesdienst erweisen.

Wir haben zu diesem Zweck ein dünnes, *rundes* Lederband,

von einem Meter Länge — das Sie nicht nur in Sex-Shops, sondern auch bei jedem Schuster kaufen können!

Sollte Sie beim Gedanken an ein Lederband das Grausen überkommen — obwohl es, gerade für »Anfänger«, am besten zu handhaben ist — können Sie das Abbinden mit einem Seidenstrumpf probieren. Und zwar — in beiden Fällen — wenn Ihr Mann vor Ihnen steht (also nicht liegt!).

Mit dem Strumpf
1. Bitten Sie ihn, mit der einen Hand seinen Penis zu halten, mit der anderen seine Hoden.
2. Legen Sie den Strumpf hinter seine Hoden,
3. führen Sie die Strumpfenden nach vorn,
4. kreuzen Sie sie
5. führen Sie die Strumpfenden noch einmal nach hinten und
6. verknoten Sie sie dort.

Mit dem Lederband
1. Wie mit dem Strumpf.
2. Fertigen Sie eine Schlaufe:
    a. Nehmen Sie beide Enden des Lederbandes zwischen Daumen und Zeigefinger der linken Hand. (Linkshänder nehmen dafür natürlich die rechte Hand!)
    b. Straffen Sie das Band, indem Sie das andere (geschlossene) Ende um Zeigefinger und Daumen der rechten Hand legen. (Linkshänder machen das natürlich mit links!)
    c. Greifen Sie nun mit Zeigefinger und Daumen der rechten Hand nach den Bandenden, die Sie zwischen Daumen und Zeigefinger der linken Hand halten. (Nicht verwirren lassen, Linkshänder!)
    d. Lassen Sie nun das »runde Ende« über die anderen beiden Enden rutschen — wobei Sie die nun entstandene

Schlaufe mit der linken Hand halten, und die beiden losen Enden mit der rechten. (Noch einmal: Achtung, Linkshänder! Sie sollten die Schlaufe nun in der rechten Hand halten — und die beiden losen Enden in der linken!)

3. Legen Sie die Schlaufe um seine Hoden (so hoch wie möglich ansetzen)!
4. Ziehen Sie sie *fest* — nach hinten — zu! (Keine Angst, es wird ihm nicht wehtun. Sollten Sie die Schlaufe tatsächlich zu fest zuziehen, wird er es Ihnen schon früh genug sagen!)
5. Teilen Sie nun die beiden losen Enden hinter den Hoden und führen Sie sie vorn — möglichst weit oben — wieder zusammen.
6. Kreuzen Sie sie.
7. Teilen Sie nun mit beiden Enden zusammen seine Hoden (das ist für Ungeübte das Schwierigste an diesem Unterfangen) vorn,
8. führen Sie die Bandenden — immer noch zusammen — nach hinten (wiederum so hoch wie möglich),
9. kreuzen Sie sie,
10. führen Sie sie wieder nach vorn — so weit oben wie möglich) und
11. verknoten Sie sie.

Fragen, die Sie dazu haben könnten, beantworte ich lieber gleich:
Was tun, wenn das Band immerzu wegrutschen will?
Üben, üben, üben. Am besten: mit seiner Hilfe. (Was Sie da vorhaben, kommt ihm schließlich zugute!)
Was tun, wenn sein Hoden wegrutscht, während Sie ihn teilen?
Üben, üben, üben. Am besten: mit seiner Hilfe...
Muß ich das Band zu irgendeinem Zeitpunkt — vor dem Orgasmus entfernen?

Nein, das müssen Sie nicht! (Wenn es nicht mitten unter Ihren Aktivitäten von alleine wegrutscht, nehmen Sie es am Ende der Liebesnacht ab.)
Wird er mich dumm angucken, wenn ich »Trick 17« direkt anwende oder vorschlage?
Verblüfft wird er Sie anschauen — und dann freudig erregt. Welcher Mann hat schon eine Frau, die sich alle nur erdenklichen Tricks einfallen läßt, um wieder Leben in die Liebe — um nicht zu sagen, seinen Schwanz — zu bringen.
Wird er mich auslachen, wenn ich seine Hoden abbinden will — und es nicht gleich klappt?
*Aus*lachen wird er Sie ganz sicher *nicht* — aber Sie beide werden aller Wahrscheinlichkeit bei diesem Vorhaben viel lachen. Und das ist *gut* so: Humor ist nicht nur im Alltag wichtig, sondern eben auch im Bett.
Kann ich an irgend etwas üben, damit er nicht über meine Ungeschicklichkeit lachen muß... und sich bei ihm gar nichts mehr rührt?
Ja! An der Faust einer guten Freundin!
Was passiert, wenn ich »Trick 17« bei einem Mann anwende, der auch ohne diesen Trick »kann«?
Probieren Sie es aus! Und viel Spaß dabei!
Sollte auch »Trick 17« versagen, wird es allerdings ernst. Denn dann ist die Wahrscheinlichkeit gegeben, daß mit ihm wirklich etwas *nicht* stimmt, daß er *gravierende* Schwierigkeiten hat. *Seelisch.*
Was das sein könnte, lesen Sie im nächsten Kapitel.

Kapitel XVI

LEKTION NR. 12

Wie Sie erfahren können, welche speziellen sexuellen Neigungen er hat — vorausgesetzt, Sie glauben, damit leben zu können

Irgend etwas stimmt mit ihm nicht: Er hat, so scheint es, in letzter Zeit überhaupt keinen Sex-Drive mehr (oder hatte ihn noch nie so recht). Noch eigenartiger: Es irritiert ihn offensichtlich keineswegs.
Sie hingegen irritiert es sehr, denn Sie gehören nicht zu den Frauen, die vor Freude in die Hände klatschen, wenn ihr Mann »müde« ist — weil sie selbst keine sexuellen Bedürfnisse haben.
Besonders vertrackt ist: Sie haben bereits alles, was Sie in diesem Buch (und anderen klugen Büchern) gelesen haben, ausprobiert — doch er zeigte keine Reaktion.
Was Sie jedoch am meisten verwirrt, ist: Es kann auch keine andere Frau hinter seiner Unlust stecken — denn Sie kennen jeden Schritt, den er tut. Oder so gut wie jeden Schritt: Freundinnen verlangen mehr Zeit als zweimal im Monat mal ein Stündchen (oder zwei) mit ihrem (verheirateten) Geliebten. Und mehr als einmal etwa alle 14 Tage eine Stunde (oder höchstens zwei) haben Sie seine Spur nie verloren.
Was, also, ist mit ihm nur los?
Ich kann es Ihnen sagen:
Es besteht eine verdammt große Chance, daß er alle 14 Tage

eine Stunde (oder zwei) in der Herbertstraße verbringt — bei uns wimmelt es nur so von verheirateten Männern!
Männern, die ihre Frauen lieben, weil sie Frauen zu Hause haben, wie Sie eine sind: lieb, nett, rücksichtsvoll — und sogar kaum, bis völlig unverklemmt im Bett. Mit einer Einschränkung: unverklemmt, was »normalen« Sex betrifft — wobei sich hier die Frage stellt, was »normal« ist, und was nicht.
Um diese Frage auch gleich zu beantworten: »Normal« ist, was *beiden* Beteiligten Spaß macht — auch wenn es nach einem Klischee klingt, das Sie schon hunderttausendmal gehört und gelesen haben.
Als »normal« erachtet wird von vielen Menschen — Männern wie Frauen — jedoch etwas ganz anderes. Und zwar das, was gesellschaftlich akzeptiert ist.
An dieser Stelle möchte ich die amerikanischen Psychologen John Cagnon und William Simon zitieren, die sich eingehend mit dieser Thematik beschäftigt und sie in ihrem wissenschaftlichen Werk *Sexual Deviance*, Sexuelle Abweichungen, (Harper and Row) dargelegt haben.

Cagnon und Simon teilen abwegige Sexualhandlungen in drei Kategorien ein: normale, abnorme und pathologische.

1. »Normale« abweichende Sexualhandlungen werden zwar gesellschaftlich abgelehnt, stehen aber nicht in offenem Konflikt zu den gesellschaftlichen Bräuchen — und sind weit verbreitet. Dazu gehören unter anderem: Masturbation, vorehelicher Verkehr, Cunnilingus, Fellatio, Soixante-neuf, anales Vorspiel, Promiskuität, Sex in Gegenwart anderer Personen.
2. »Abnorm« abweichende Sexualhandlungen stoßen auf noch größere gesellschaftliche Ablehnung — weil sie die gesellschaftlichen Werte offen verletzen. Dennoch werden auch sie ziemlich häufig praktiziert, wie beispielsweise:

Partnertausch, Gruppensex, weibliche Prostitution, männliche und weibliche Homosexualität.
3. »Pathologisch« abweichende Sexualhandlungen sind jene, die der Gesellschaft unerträglich erscheinen. Wer sie begeht, wird gesellschaftlich geächtet. Beispiele dafür sind: männliche Prostitution, Päderastie (»Knabenliebe«), Inzest (Sex zwischen Eltern/Kindern, Geschwistern), Pädophilie (Sex mit kleinen Kindern), Exhibitionismus (die impulsive Zurschaustellung der Geschlechtsteile), Voyeurismus (Sexuelle Erregung oder Befriedigung durch die Beobachtung anderer, die sich auskleiden oder sexuelle Handlungen vollführen), Notzucht, Sadomasochismus (Erregung oder Befriedigung dadurch, daß man anderen Schmerz zufügt oder/und einem selbst Schmerz zugefügt wird), Urolagnie (sexuelle Erregung durch Zusehen beim Harnlassen des Partners, oder wenn der Partner über den Betreffenden Wasser läßt), Koprophilie (das gleiche, jedoch bei der Darmentleerung), Koprofagie (das Verspeisen von Exkrementen), Transvestitentum (Befriedigung durch Tragen der Kleidung des anderen Geschlechts), Transsexualismus (Geschlechtsumwandlung) und Nekrophilie (Leichenschändung).

Der langen Rede kurzer Sinn: Entdeckt einer der beiden Ehepartner eine Neigung an sich, die gesellschaftlich nicht akzeptiert wird (oder von der er annimmt, daß sie gesellschaftlich nicht akzeptiert wird, und die ihm oft selber nicht ganz geheuer ist), macht er dicht.
Das fängt beim Oralverkehr an — und hört bei Koprofagie auf.
Mit anderen Worten: Wurde einem Mann durch seine Erziehung (wie sonst?) eingebläut, daß beispielsweise vorehelicher Verkehr sündhaft sei, wird er ihn nicht mit einer potentiellen Ehefrau ausüben, sondern, wenn überhaupt, mit einer Hure.

(Weil er Sex mit Sünde assoziiert, kann er ihn nur mit einem »minderwertigen Liebesobjekt« vollziehen.)
Ein anderer, der Oralverkehr für »pervers« hält, ihn sich aber sehnlichst wünscht, käme nie auf die Idee, seine Frau in die Verwirklichungen seiner Phantasien miteinzubeziehen. Auch er kommt zu uns in die Herbertstraße — nicht ahnend freilich, daß seine Frau vielleicht dieselben sexuellen Träume hat...
Bei so manchem Mann, der bei uns auftaucht, liegt das Problem nicht in der Verweigerung seiner Frau, sondern darin, daß er ihr seine Wünsche gar nicht erst mitteilt — weil er sie selbst für abartig hält. (Ob sie es — für seine Partnerin — tatsächlich sind oder nicht, steht — vorerst — auf einem anderen Blatt.)

Um nun endlich zum Sinn und Zweck dieses Kapitels zu kommen:
Sollten Sie das Gefühl haben, Ihr Mann könne eine sexuelle Neigung hegen, die er bislang vor Ihnen verborgen hat, bleiben Ihnen zwei Möglichkeiten.
Die eine: Sie wollen es lieber nicht wissen (was manchmal sehr viel unbelastender ist, wenn ich ehrlich bin. Dann nämlich, wenn er damit herausrückt, eine der Neigungen zu haben, die Cagnon und Simon als »pathologisch« einstufen).
Die andere: Sie können versuchen, die Art seiner Neigung aus ihm herauszulocken.
Dafür wiederum gibt es mehr als eine Methode.

1. Reden, reden, reden Sie mit ihm! Fragen Sie ihn, woran er sich vorstellen könnte, Spaß zu haben — ohne, daß Sie zwei es bislang miteinander ausprobiert haben.

Wenn er sich entweder gar nicht dazu äußert — oder nur ausweichend antwortet, verwenden Sie Methode.
2. Beobachten, beobachten, beobachten Sie ihn!
    ★ Er hat ein Faible für Ihre Füße?

- Setzen Sie sie im Liebesspiel gezielt ein — und präsentieren Sie sie ihm auch, damit er sie ausgiebig liebkosen kann. (Pech, wenn Sie in einem solchen Fall kitzlige Fußsohlen haben!)

★ Er ist fasziniert von Ihrem Po?
- Wählen Sie beim Liebesspiel Stellungen, bei denen er möglichst viel von diesem Körperteil hat.

★ Er verlangsamt seinen Schritt, wenn er mit Ihnen an einem Wäschegeschäft vorbeigeht?
- Bleiben Sie mit ihm davor stehen. Bewundern Sie die Schaufensterauslage — gehen Sie mit ihm hinein. Suchen Sie mit ihm gemeinsam eine schöne Kombination aus.
- Sollten Sie seinem Geschmack nicht trauen, gehen Sie ohne ihn in den Wäscheladen. Erstehen Sie ein Dessous, das Ihnen wirklich gefällt, warten Sie seine Reaktion ab. (Falls Sie seinem Geschmack zu Recht nicht getraut haben, weil das Dessous Ihrer Wahl nicht das Dessous seiner Wahl gewesen wäre — lassen Sie sich von ihm eines mitbringen. Je nachdem, womit er auftaucht, wissen Sie, ob Sie an seiner Neigung in punkto Reizwäsche Gefallen finden können — oder nicht.

★ Er wird immer ganz unruhig, wenn Sie Ihr Lederkostüm tragen?
- Lesen Sie Kapitel XXIV.

★ Er schenkt Ihnen Kleider, die so kindlich sind, daß Sie sie bereits mit zwölf Jahren getragen haben?
- Weitere Informationen dazu finden Sie in Kapitel XVIII.

Zusammenfassend: Versuchen Sie, seine Vorliebe für einen bestimmten Körperteil — oder aber bestimmte Dinge — abzuschätzen. Und steigen Sie darauf ein (falls Sie das können und möchten). Dazu in Kapitel XXIV mehr.

Sie haben so gar keine Beobachtungsgabe? Dann retten Sie sich mit der nächsten Methode:

3. Besuchen Sie — mit ihm zusammen — einen Sex-Shop. Erklären Sie ihm, das wollten Sie schon immer mal. Lassen Sie die Möglichkeit offen, dort ein nettes »Beiwerk« für erotische Stunden zu finden.
   ★ Ermuntern Sie ihn, sich umzusehen!
      — Zerren Sie ihn nicht gleich wieder von dem Ledertanga fort.
   ★ Zeigen Sie ihm dies und das...
      — ...achten Sie dabei scharf auf seine Reaktion. (Der Vibrator — Multi-Speed — läßt seine Augen glänzen? Na bitte! Ermuntern Sie ihn, Ihnen den zu kaufen.)
   ★ Schauen Sie sich mit ihm die verschiedenen Sex-Hefte an.
      — Bei welchem verweilt er? Das mit den Krankenschwestern? Nun denn — wie Sie das auf die Reihe kriegen (falls Sie es auf die Reihe kriegen wollen) erfahren Sie in Kapitel XVIII.
   ★ Gehen Sie an den »Chinesischen Liebeskugeln« *vorbei*!
      — Ich verspreche Ihnen: Die Dinger halten *nicht*, was sie versprechen. Alles, was ich bislang darüber gehört habe, sind absolute Horrorgeschichten! (Dieser Tip ist in erster Linie für Sie: damit Sie sich Höllenqualen ersparen — und ihm Abstinenz. Nach Benutzung der Kugeln — jawohl, auch nach fachgerechter! — sind Sie nämlich erst einmal ein paar Tage außer Gefecht gesetzt!)

Nun müßten Sie aber wissen — oder zumindest ahnen — was Ihren müde gewordenen Mann anmacht: Im Sex-Shop wird er garantiert auf die Dinge losstürmen, die ihn interessieren — so-

fern Sie ihn darauf losstürmen lassen. (Sonst brauchten Sie ja gar nicht erst mit ihm hineinzugehen!)
Fragt sich nur noch: Was fangen Sie damit an, daß Sie sein Geheimnis (zumindest im Ansatz) ergründet haben?
Wenn Sie's wirklich wissen wollen — blättern Sie um.

Kapitel XVII

WICHTIG, WICHTIG, WICHTIG:

Was Sie nie und nimmer *und* unter keinen Umständen *tun sollten*

1. Niemals, niemals, niemals sollten Sie Dinge tun, denen Sie — auch nach intensivem, aufgeschlossenem Nach- oder sich Hineindenken — so gar nichts abgewinnen können:

Das tun auch wir nicht.

Stimmt zwar, daß manche Männer glauben, nur weil sie uns bezahlen — für einen gewissen Zeitraum *kaufen* — könnten sie mit uns *alles* tun.

Weit gefehlt: Jede meiner Kolleginnen setzt sich ihre eigenen, wenngleich oft weitgesteckten, Grenzen — und selbstverständlich auch ich.

Ich, zum Beispiel, würde nie im Leben etwas tun, was mir selber wehtut. Für kein Geld der Welt also würde ich einen Mann mit Nadeln bearbeiten — obwohl ich genau weiß, daß das, was ihm wehtut, ihm guttut.

Nur: *Mir* tut es weh — seelisch — und *das* ist das Kriterium.

Ebensowenig würde ich mit einem Mann ins Bett steigen, wenn mir absolut nicht der Sinn danach steht. Das gilt fürs Private. Beruflich versuche ich, ihn auf »andere Gedanken« zu bringen (Siehe dazu Kapitel XVIII)!

Lassen Sie sich also bitte nicht einreden, Sie hätten jederzeit »zur Verfügung zu stehen«, und Sie müßten alles mitmachen, wenn Sie Ihren Mann »halten« wollten.

Glauben Sie mir: Es ist hart genug, Dinge zu tun, die sich an der Grenze dessen befinden, wozu man gerade noch bereit ist. Der Unterschied zwischen unserer Situation und Ihrer ist jedoch ganz gravierend:
Bei uns ist der Mann (spätestens) nach 20 Minuten wieder draußen. Abgehakt.
Sie aber müssen mit ihm leben. 24 Stunden rund um die Uhr. Und bekommen aller Wahrscheinlichkeit nach nicht mal ein Dankeschön dafür, daß Sie sich zu diesem oder jenem »durchgerungen« haben — geschweige denn, ein schönes Geschenk oder Geld, so daß Sie sich selbst etwas Hübsches kaufen könnten.
Also noch einmal mit Nachdruck:
Tun Sie nie, nie, nie und unter keinen Umständen Dinge, von denen Sie intuitiv wissen, daß Sie sie hinterher bereuen würden — obwohl wir sie vielleicht täten. Denn was sich bei uns in den schwarzen Zahlen auf unserem Konto niederschlägt, schlägt bei Ihnen auf die Seele. Und zwar gewaltig:
Ihnen bedeutet dieser Mann schließlich etwas, mit dem Sie da zusammen sind — und der vielleicht nur dadurch wirkliche Befriedigung erlangt, daß Sie ihn bis aufs Blut malträtieren, seelisch und/oder körperlich quälen. *Uns* nicht.
Wie gesagt, die Grenzen dessen, wie weit eine Frau gehen mag, sind ganz individuell. Für manche zählt bereits der Oralverkehr zu den »Perversionen«, Abartigkeiten (wobei ich wiederum nicht begreife, warum eine Frau einen Mann, den sie liebt und der ihr Lebenspartner ist, nicht am ganzen Körper liebkosen und küssen sollte), andere wiederum finden nichts dabei, mit dem Mann, den sie lieben, an Gruppensex-Partys teilzunehmen — was ich wiederum für abartig halte. (Mehr dazu in Kapitel XIX.)
Der langen Rede kurzer Sinn: Es bringt Ihnen gar nichts — außer Schrammen auf der Seele — wenn Sie sich zu irgend etwas zwingen, was Ihnen absolut nicht liegt.

Lassen Sie es also bitte — in Ihrem eigenen Interesse — bleiben und ihn diese Art von Befriedigung zum Beispiel in der Herbertstraße suchen — und finden.
Keine Angst: Wir nehmen Ihnen Ihren Mann schon nicht weg. Im Gegenteil: Wir sind froh, wenn er wieder draußen ist!

2. Was Sie ebenfalls niemals, niemals, niemals tun sollten, ist: Annehmen, daß Sie ihm seine sexuelle Neigung — oder »Abart« — ansehen könnten.

»Draußen«, sprich außerhalb der Herbertstraße, ist das schlicht unmöglich — und selbst wir erleben manchmal die verrücktesten Überraschungen.

Einer meiner Gäste, ein wirklich schnuckeliger, junger Mann (was man weiß Gott nicht von allen behaupten kann!) verlangte von mir, ich solle ihn behandeln wie einen Bären!

Dazu allerdings fiel selbst mir, die auf »Spiele« spezialisiert ist, nichts mehr ein — und ich schickte ihn unverrichteter Dinge wieder nach Hause.

Hinterher kam mir dann allerdings die Erleuchtung, wie ich dieses Spiel mit ihm hätte spielen können: Ich hätte einen Tanzbären aus ihm machen können...

Trotzdem sind wir, in der Herbertstraße, in bezug auf »Neigungen erkennen« eine ganze Ecke besser dran als Sie:
Weil unsere Gäste zumeist zielbewußt auf die Frauen zusteuern, die meist mehr als minder offensichtlich den »Service« bieten, den seine Sexualität verlangt. Und selbst wenn ein Mann nicht gleich vor einer Stiefelfrau stehenbleibt — weil es vielleicht das erste Mal ist, daß er ihre Dienste in Anspruch nehmen will —, können wir ihn allein anhand der Blicke, die er schweifen läßt (und *wie!*) »einordnen«. Obwohl selbst wir, wie gesagt, vor Überraschungen nicht gefeit sind.
Sie jedoch haben keinerlei Möglichkeit, die eventuelle Neigung Ihres Mannes abzuschätzen, wenn Ihnen auch das vorhergehende Kapitel keinerlei Hilfe war — weil er aus Angst, Ih-

nen, die er ja liebt, so etwas zuzumuten, einfach nicht mit seinen wahren Wünschen herausrücken will und kann.
Hüten Sie sich also bitte vor einem gravierenden Fehler: ihm irgendeine Neigung zu unterstellen — die Sie, vor allem, gar nicht selber haben — und eines (gar nicht) schönen Tages die entsprechende Szenerie dafür herzustellen.
Was Ihnen in einem solchen Fall nämlich schneller passieren kann, als Sie denken können, ist zweierlei:
Entweder wird er sich von Ihnen abwenden — weil er *Sie* für abartig hält, oder aber er wird — Ihnen zuliebe — mitmachen — und dann haben Sie die Katastrophe:
Weil Sie somit dann und wann oder immer sexuelle Handlungen praktizieren, die in Wirklichkeit *keinem von Ihnen beiden* Spaß, geschweige denn, tatsächliche Befriedigung bieten.
Nachdem soweit alles klar ist, kann es ja weitergehen im Text. Mit Lektion Nr. 13 — meiner Spezialität.

Kapitel XVIII

Lektion Nr. 13

Vom Schulmädchen bis zur Tante: So schlüpfen Sie in jede Haut

Wenn ein Gast zu mir kommt, den ich noch nicht kenne, versteht sich, frage ich ihn erst einmal, was er denn gerne mit mir machen möchte.
»Ganz normal«, antworten viele von ihnen verschämt.
»Ganz normal«, erwidere ich daraufhin, »das kannst du doch zu Hause haben« — denn ich weiß, daß er meist für das Besondere kommt: »Ganz normal« ist in den wenigsten Fällen der Grund für einen Puffbesuch.
Also setze ich den Gast erst einmal oben in den kleinen Vorraum zu meinem Zimmer — und drücke ihm ein paar einschlägige Hefte in die Hand. Da kann er sich aussuchen, was ihn anmacht — oder anmachen könnte, falls er sich seiner verborgenen Neigung selbst noch nicht ganz bewußt und sicher ist — während ich erst einmal wieder nach unten gehe und die Getränke hole.
Wenn ich wiederkomme, hat er sich zumeist für eine der verschiedenen Spielarten, die er in den Heften gefunden hat, entschieden. Hat er das nicht, schlage ich ihm diverse Spiele von »Neffe-Tante« über »Schüler-Lehrerin«, »Patient-Krankenschwester« bis zu »Freier-Hure« vor. Sie haben richtig gelesen! Die Bezeichnung »Freier« habe ich, zum zweitenmal in diesem Buch,

ganz bewußt gewählt! Das »Freier-Hure«-Spiel spiele ich übrigens auch ganz für mich allein, das heißt, in meinem Kopf, wenn mir ein »Plump-Obszöner«, den Sie aus Kapitel IV kennen, begegnet. Das macht die Angelegenheit für mich erträglich!)
Was den meisten dieser Spiele ihren besonderen Reiz verleiht, ist: Er tut (mit meiner Hilfe natürlich) etwas »Verbotenes«. Und das macht ihn noch heißer, als er es ohnehin schon ist. Sie wissen ja: Verbotene Früchte hängen am höchsten und schmecken am besten!
Einige der Spiele, die ich aus der Phantasie der Männer in die Wirklichkeit umsetze, beinhalten auch eine leichte Bestrafung — dafür, daß er Verbotenes tut.
Wie häufig diese Bestrafung erfolgt und wie weit sie gehen soll — und ob ihr im Wechsel darauf ein »Lob« folgt —, bestimmt der Gast selbst. Indem er sich, zum Beispiel, als Schüler meinen Anweisungen als Lehrerin widersetzt — oder eben nicht.
In anderen Fällen wieder, vor allem dann, wenn ein Gast mit derlei Spielchen vertraut ist, legt er zuvor mit mir ganz klipp und klar die Spielregeln fest. (Dazu, für den »Privatgebrauch«, mehr am Ende dieses Kapitels.)
Damit Sie aber endlich wissen, wovon ich rede, stelle ich Ihnen an dieser Stelle am besten einige dieser Spiele — in einer häufig wiederkehrenden Spielart — vor.

Neffe — Tante
Reiz dieses Spieles:
Es ist verboten — denn es ist inzestuös.
Der Hintergrund:
Wenn Sex schon — in seinem Hinterkopf — im Grunde »verboten« ist, warum dann nicht gleich etwas richtig Verbotenes tun ...
Dazu kommt: Er initiiert die sexuelle Handlung ja gar nicht — denn er wird, von der verdorbenen, geilen Tante, verführt.
Damit das Spiel einen »Anfang« hat, gehe ich zuerst allein in mein Zimmer. Dann kommt *er* herein.

ICH: »Ach, da ist ja mein lieber Neffe! Endlich besuchst du mich mal! Du hast sicher schon lange mitgekriegt, daß ich auf dich geil bin — und du weißt ja, daß der Onkel weg ist... Das darfst du dem Onkel aber nicht sagen...!«
ER: »Nein, nein, Tante! Ich hab mir auch schon immer heimlich deine Wäsche angeguckt...«
ICH: »Du weißt aber schon, daß sich das nicht gehört...«
ER: (kleinlaut) »Ja.«
Von hier aus kann das Spiel beliebig weitergehen:
Ich kann ihn beruhigen, daß meine Gefühle ebenso »ungehörig« seien — ich sie aber nicht unterdrücken könne — oder ich kann zur »strengen« Tante werden, die es gegen Ende des Spiels vielleicht doch mit ihrem Neffen treibt.
Ich kann sogar, wenn ich will — und merke, daß es *ihm* gefallen würde, die Verführerrolle umdrehen. Und ihn im Endeffekt mich, die sanfte oder strenge Tante, »verführen« lassen.

Freier — Hure
Reiz dieses Spieles:
Er tut etwas absolut Verbotenes.
Der Hintergrund:
Da Sex für ihn »schmutzig« ist, kann er ihn nur mit einer Person betreiben, die er eigentlich verachtet. Die unter seinem Niveau und darum seiner nicht wert ist. Da die »Hure« für ihn der Inbegriff des menschlichen Abschaums ist, kann er bei ihr »die Sau rauslassen«. Sie hat es schließlich nicht anders verdient...
Sollten Sie dieses Spiel mit ihm spielen wollen — um vielleicht herauszufinden, was Sie über ihn, sprich seine Neigungen, noch nicht wissen —, müssen Sie selbstverständlich Geld von ihm nehmen.
Mein Tip: Geben Sie die wieviel Mark auch immer mit ihm gemeinsam aus. In einem exklusiven Restaurant, zum Beispiel. Auf diese Weise kommt ein »Augenzwinkern« hinzu, das die ganze Angelegenheit relativiert!

Wichtig: Hier sollten Sie *ihn* die Initiative ergreifen lassen, das Spiel zu starten (sonst wird er womöglich noch völlig verunsichert, was für eine Frau er da geheiratet haben könnte)!
Wichtig, wichtig: Sobald das Spiel losgegangen ist, müssen Sie die Initiative ergreifen. Denn aus diesem Grund kommt er ja zu Ihnen — um sich bedienen zu lassen! (Erinnern Sie sich an Graham Greene, Kapitel II!)
Was Sie ihm als »Hure« bieten, hängt wiederum von Ihrer Phantasie ab und vor allem davon, worauf er anspringt.
Im Klartext: Beobachten Sie, bei allem was Sie tun, seinen Schwanz. Wenn er sich aufrichtet — oder erigiert bleibt —, sind Sie auf dem richtigen Weg. Fällt er in sich zusammen — oder bewegt er sich gar nicht erst nach oben —, sind Sie auf dem falschen Dampfer. (So kriegen wir heraus, was unser Gast mag, und was nicht. Es ist alles eine Sache von probieren, verwerfen, probieren, finden!)

Schüler — Lehrerin
Reiz dieses Spieles:
Es ist nicht nur verboten, sondern er verwandelt sich auch zurück in den kleinen Jungen, der er mal war.
Der Hintergrund:
Da dieses Spiel immer mit leichter Bestrafung zusammenhängt, hat es leicht masochistische Tendenzen — zu denen aber später mehr.
Eigens für diesen Zweck stehen in meinem Zimmer ein Schreibpult und eine Tafel. In diesem Fall sitzt er bereits im Klassenzimmer (in das ich ihn hineingelassen habe), dann komme ich. Und drücke ihm ein paar einschlägige Hefte in die Hand.
ICH: »So, damit wirst du jetzt erst einmal deine Hausaufgabe machen.«
ER: »Ja, Frau Lehrerin.«
ICH: (nachdem ich den Raum kurz verlassen und wieder hereingekommen bin): »Na, hast du auch alles brav gelernt?«

ER: »Ja.«
ICH: »Wie heißt das?«
ER: »Ja, Frau Lehrerin!«
ICH: »So ist es schon besser. Du willst doch nicht, daß ich das Stöckchen benutzen muß?«
ER: »Nein, Frau Lehrerin.«
Von hier aus geht es dann auch, je nach Lust und Laune, weiter. Ich kann das Spiel »unschuldig« lassen — ihn lediglich dafür bestrafen, daß er etwas nicht weiß, wenn ich ihn abfrage — oder ich kann das Spiel auf eine sexuelle Ebene ziehen, indem ich ihm unterstelle, er habe an seinem Hosenlatz herumgespielt. Das wird er (schuldbewußt) bejahen oder (betreten) verneinen — aber, so oder so, werde ich ihn in einem solchen Fall auffordern, mir zu zeigen, was er denn da in der Hose hat...
Wichtig: Was immer Sie, als Lehrerin, »abfragen«, sollten Dinge sein, die er in jedem Fall weiß. So erkennen Sie, ob er sich Ihnen widersetzt — sprich, nach dem Stöckchen fragt — oder ob er eher auf eine »Belohnung« aus ist. Weil er richtig geantwortet hat.
Wichtig, wichtig: Beginnen Sie mit leichten Schlägen — einem Klaps, eher einem »Kläpschen« auf den Po. Es muß auch nicht gleich das Stöckchen oder gar die Peitsche sein: die flache Hand tut's ebenfalls.
Sollten Sie merken, daß er nicht auf Schläge steht — auch nicht auf superleichte — denken Sie sich eine andere Art von Strafe für ihn aus:
Wenn Sie ihn verrückt machen (indem Sie zum Beispiel die »Pause« nutzen, um zu masturbieren — »das entspannt« —, sich ihm dann aber — vorerst — verweigern, ist das wahrlich Strafe genug! Denn nun darf er genau das nicht tun, was er momentan am liebsten täte!
Spricht er allerdings auf den leichten Klaps an, dürfen — und sollten — Sie diese Art der Bestrafung *langsam* perfektionieren.

Und das Stöckchen — oder die Hand — entsprechend öfter und stärker zum Einsatz kommen lassen.
Was Sie ebenfalls noch wissen sollten: In diesem Spiel wechseln Strafe und Belohnung einander ab. Belohnt wird er, wenn er getan hat, was Sie von ihm verlangten.
Belohnt wird er zum Beispiel damit, daß er mit Ihren Brüsten spielen oder sie — intensivst — küssen darf...
Achtung: Manchen Männern genügt auch allein die Bestrafung. Aber die sind ein Thema für sich.

Schülerin — Lehrerin
Reiz dieses Spieles:
Zum einen, siehe »Schüler — Lehrerin«, zum anderen, daß er Frauenkleider tragen darf.
Der Hintergrund: ist komplex:
Männer, die gern Frauenkleidung tragen.
Grundsätzlich lassen sich Transvestiten in drei Kategorien einteilen:
1. Der »sporadische« Transvestit, der seinen Orgasmus allein dadurch erreicht, daß er sich — und das nur sporadisch und dann nur zu Hause — in Frauenkleidung vor den Spiegel stellt und sich von allen Seiten betrachtet.
   Ihn bekommen auch wir nur selten zu Gesicht. Dann nämlich, wenn wir in einem Spiel wie »Schülerin-Lehrerin« oder »Meine lesbische Freundin« diese Neigung ans Licht bringen.
2. Der »partielle« Transvestit wiederum trägt BH und Damenhöschen auch außer Haus. *Unter* seiner normalen Kleidung: dem Anzug, der Uniform.
   Er ist derjenige, mit dem wir — in der Herbertstraße — am ehesten und am häufigsten in Berührung kommen.
3. Der »komplette« Transvestit verkleidet sich voll und ganz als Frau. Er trägt nicht nur weibliche Unterwäsche (samt einer phantasievollen Füllung für den BH), sondern auch

sein Drüber ist Damenkleidung. Dazu wählt er hochhackige Schuhe, schminkt sich und trägt eine Langhaarperücke.
Das tut er nicht nur daheim, im stillen Kämmerlein — sondern so geht er auch in den Supermarkt, in die Kneipe.
Mit ihm haben wir — beruflich — nicht allzu häufig, aber eben doch auch zu tun.
Was dem Transvestismus als Ursache zugrunde liegt, ist die Kastrationsangst des Mannes, der seine Befriedigung dadurch erlangt, daß er Frauenkleider trägt.
Da er der irrigen Ansicht ist, die Frau besäße den Penis, will er diesen wiedererlangen, indem er in die (zweite) Haut der Frau schlüpft. Dazu kommt eine tiefverwurzelte Angst, daß seine Mutter ihn verstoßen könne: In weiblicher Kleidung aber trickst er diese Angst aus — denn so kann er sich mit ihr identifizieren und sie halten, besitzen.
Homosexuell ist der Transvestit übrigens *nicht*. Sein Bedürfnis, Frauenkleider zu tragen, überschneidet sich häufig mit den Bedürfnissen eines Fetischisten (zu dem ich im letzten Kapitel komme).
Im Klartext: Sollten Sie Ihren Mann in Ihren (oder seinen) Dessous vor dem Schlafzimmerspiegel ertappen, schimpfen Sie ihn bloß nicht »schwul«. Das ist er nämlich nicht.
Im Gegenteil: Sie dürfen ihm glauben, wenn er Ihnen erklärt, daß er in der Ehe mit Ihnen glücklich ist — und daß ihm Sex mit Ihnen Spaß macht.
Es ist eben nur so, daß er dann und wann aktiv gegen seine Kastrationsangst ankämpfen muß — die ihm natürlich nicht bewußt ist.
Woran Sie erkennen, ob Ihr Mann in diese Richtung tendiert?
Ganz einfach: Zu gesellschaftlich akzeptieren Anlässen wie Karneval und Kostümfesten verwandelt er sich regelmäßig — und mit äußerstem Geschick! — in eine Frau.
Sollten Sie seinen Transvestismus nicht nur tolerieren, sondern auch akzeptieren können (anstatt ihn zum nächstbesten

Psychiater zu hetzen), wäre er überglücklich, mit Ihnen beispielsweise »Meine lesbische Freundin« spielen zu können.
Alles, was er dabei von Ihnen erwartet, ist: daß Sie ihn — an diesem einen Spielabend — als Frau betrachten.
Seine Lieblingsbeschäftigung unter solchen Umständen: Oralverkehr — bei dem er nicht zuletzt Ihnen so manches Gute tut. »Lesbische Frauen« beherrschen den Cunnilingus häufig um einiges besser als der geschickteste Mann!

Schulmädchen — Lehrer
Reiz dieses Spieles:
Es ist sehr, sehr verboten — das Lolita-Syndrom.
Der Hintergrund:
Kastrationsangst. Die »reife Frau« wird als Bedrohung empfunden, während er dem »unschuldigen Schulmädchen« alles erzählen kann. In erster Linie allerdings: daß er der beste und tollste Liebhaber auf Gottes Erdboden ist.
Bei diesem Spiel sind die Rollen des »Schüler-Lehrerin«-Spiels vertauscht. Wenn also wer wen »bestraft« — was jedoch nicht unbedingt sein muß —, dann *er Sie* — nicht umgekehrt.
Vor allem aber: Wenn wer zu diesem Spiel die Initiative ergreift, ist es ebenfalls er (das naive Schulmädchen ist schließlich viel zu schüchtern dafür!).
Wie Sie herausfinden, ob Ihr Mann an diesem Spiel Gefallen finden könnte?
Ganz einfach: Spielen Sie mal die Naive! Ziehen Sie sich auch mal brav und kindlich an. Seien Sie Kindfrau!
Dadurch ermuntert, wird er so reagieren, daß Sie schon mitkriegen werden, ob er ein »Schulmädchen-Lehrer«-Spiel in die Wege leiten will.
Versetzen Sie sich einfach in die Zeit zurück, in der Sie tatsächlich unschuldig und naiv waren. Fragen Sie ihn, was er denn da mache... vorhabe... ob es rechtens sei.
Vor allem aber: Gurren Sie ihn nicht mit Ihrer Schlafzimmer-

stimme an, sondern wählen Sie statt dessen einen kindlichen Tonfall. Sie wollen das schöne Spiel doch nicht bereits im Ansatz verderben!

Fremder — Fremde
Reiz dieses Spieles:
Eine Mischung aus Verweigerung und Verführung.
Der Hintergrund:
»Öfter mal was Neues«. Aber auch: Männer wollen ab und zu mal Widerstand spüren. Widerstand, den sie aus dem Weg räumen können, natürlich.
Dieses Spiel kann äußerst amüsant sein — vorausgesetzt, daß Sie es richtig durchziehen.
Vor allem aber hat es weniger mit einer bestimmten sexuellen Neigung zu tun, als daß es einfach mal eine Abwechslung ist.
Starten können Sie es unvermutet. Keine Angst, es macht eigentlich jedem Mann Spaß. (Schon allein deswegen, weil er merkt, daß Sie Interesse daran haben, sein Interesse an Ihnen wachzuhalten!)
Angenommen also:
★ er hat sie beim gemeinsamen Einkauf für kurze Zeit allein gelassen — und kommt dann wieder,
★ Sie sind mit ihm in einem Restaurant, einer Kneipe, einer Bar verabredet — und zuerst da,
★ Ihre Wege kreuzen sich »unvermutet« auf der Straße, in einem Kaufhaus, und er ruft Ihren Namen,

täte ich an Ihrer Stelle folgendes:
ICH (empört und zugleich mit Augenzwinkern): »Sie können mich doch nicht einfach hier auf der Straße ansprechen!« (Sich — im Restaurant — zu mir setzen).
ER (sofern er nicht sofort begreift, was Sache ist): »Sag mal, spinnst du?«
ICH: »Aber ich kenne Sie doch gar nicht — Sie wollen mich sicher nur verführen.«

ER (spätestens jetzt müßte der Groschen gefallen sein): »Nein, nein — wo denken Sie hin. Sie haben nur so schöne Augen — ich würde Sie gern zu einer Tasse Kaffee einladen.«
ICH: »Das sagen alle. Aber ich bin kein Mädchen für eine Nacht!«
Er: »Wer spricht denn von *einer* Nacht. Sie gefallen mir so gut...«
Ab hier gibt es dann wieder diverse Möglichkeiten, dieses Spiel fortzusetzen. Sie können mit ihm in ein Hotel gehen (wär doch mal wieder schön!), Sie können sich von ihm im nächsten Hinterhof verführen lassen (sofern da keine Kinder spielen) oder Sie gehen ganz einfach mit ihm in »seine Wohnung« — oder in Ihre (auch dann, wenn's längst die gemeinsame ist).
Wie lange Sie sich da noch »zieren« und auf welche Weise Sie sich dann von ihm verführen lassen, ergibt sich aus dem weiteren Spielverlauf wie von selbst.

Nachbar — Nachbarin
Reiz dieses Spieles:
Verbotene Früchte hängen hoch.
Der Hintergrund:
Eine Mischung aus Verführen und verführt werden.
Auch dieses Spiel bedarf keiner Neigung zu »abwegigem Sex«, sondern bietet, ähnlich wie »Fremder-Fremde«, die Gelegenheit, für ein wenig Abwechslung in Ihrem Liebesleben zu sorgen. (Sie würden sich wundern, wenn Sie wüßten, wie viele Männer nach gerade einem solchen Spiel verlangen — das nun wirklich völlig harmlos ist!)
Am günstigsten beginnen Sie dieses Spiel, wenn *er* bereits ausgezogen ist — also entweder im Bett liegt oder im Bademantel durch die Wohnung geht, während *Sie* noch voll bekleidet sind. Idealer Ausgangspunkt wäre, wenn Sie vom Abendessen mit einer Freundin später nach Hause kämen als er — und statt Ihres Schlüssels die Klingel benutzen würden.

Ich, an Ihrer Stelle, würde dieses Spiel in etwa so ansetzen:
ER: (öffnet die Tür).
ICH: »Tut mir leid, daß ich so spät klingele — ich hoffe, ich störe Sie nicht.«
ER (der natürlich keine Ahnung hat, was läuft): »Sag mal, geht es dir noch gut?«
SIE (unbeirrt): »Es ist nur so: Ich bin Ihre neue Nachbarin, und nun habe ich mich versehentlich ausgesperrt...«
ER (nun müßte er gecheckt haben, wo es langgeht): »Kann Ihr Mann Ihnen denn nicht aufmachen?«
SIE: »Mein Mann ist verreist.«
ER (so gut erzogen wird er ja hoffentlich sein): »Kommen Sie doch erst einmal herein. Dann werden wir sehen, was wir da machen können...«

Eine Variationsmöglichkeit für den (meinerseits aggressiveren) Einstieg in dieses Spiel wäre:
ER: (öffnet die Tür).
ICH: »Tut mir leid, daß ich so spät klingele — ich hoffe, ich störe Sie nicht.«
ER (der natürlich keine Ahnung hat, was läuft): »Sag mal, geht es dir noch gut?«
ICH (unbeirrt): »Sie müssen mich doch kennen — ich bin seit Jahren Ihre Nachbarin! Ich weiß, es ist läppisch... aber mir ist der Zucker ausgegangen — würden Sie mir wohl bitte bis morgen welchen borgen? Ich hoffe auch, ich störe Sie nicht allzu sehr!«
ER (der mittlerweile mitgekriegt haben müßte, worauf Sie hinauswollen): »Nein, nein, Sie stören keineswegs. Treten Sie ein!«
ICH (nachdem er mir den Zucker gegeben hat): »Darf ich mich für ein paar Minuten zu Ihnen setzen? Wenn ich ganz ehrlich bin, ging es mir gar nicht um den Zucker. Ich fühle mich nur so — so allein, so einsam.«

ER: »Sind Sie denn nicht verheiratet?«
ICH: »Doch, schon. Aber mein Mann ist auf Dienstreise.«
ER: »Wenn Sie wollen, kann ich uns gern eine Flasche Wein aufmachen.«
ICH: »Kommt Ihre Frau denn nicht wieder?«
ER: »Nein. Sie war mit einer Freundin zum Essen verabredet und hat gerade angerufen, daß sie dort übernachtet.«
ICH: »Wenn ich noch viel ehrlicher bin: Ich habe Sie schon öfter gesehen und wollte Sie immer ganz gern mal kennenlernen.«
ER: »Ich Sie auch.«
ICH: »Mein Mann ist ja so viel weg — und bei uns läuft im Bett sowieso nichts mehr...«

Der langen Rede kurzer Sinn: Sie können auch diesem Spiel jede beliebige Aggressivität verleihen — mal verführen, mal sich verführen lassen. Je nachdem, wie er auf das Spiel eingeht, das Sie so geschickt begonnen haben.

Chef — Sekretärin
Reiz dieses Spieles:
Es wird von so vielen Männern im richtigen Leben gespielt — daß *er* es vielleicht ganz gern auch einmal spielen möchte. Auf jeden Fall ist's besser, als ihn die Realität ausprobieren zu lassen!
Der Hintergrund:
Nicht gerade das »Lolita-Syndrom« (Chefsekretärinnen sind für gewöhnlich schon länger erwachsen!) —, aber doch ein gewisses Abhängigkeitsverhältnis. Er ist der große Boß — sie verliert den Boden unter den Füßen (wenn sie ihn erhört, vor Liebestaumel — wenn sie ihn nicht erhört, weil er sich dann eine neue Sekretärin sucht. Eine, die willig ist).
Dieses Spiel geht ganz einfach. Setzen Sie sich ihm auf den Schoß, wenn er gerade irgendwelche Notizen macht — oder

bitten Sie ihn, während Sie auf seinem Schoß sitzen (und an seinem Ohr knabbern), Ihnen die Einkaufsliste fürs Wochenende zu diktieren. Vielleicht hat er ja einen besonderen Menü-Wunsch...
Kaum haben Sie ihn dazu gekriegt, nehmen Sie natürlich Haltung an. Ich würde bei diesem Spiel folgendermaßen vorgehen:
Er diktiert mir was.
Ich schlage die Beine übereinander, schreibe mit.
Er, der natürlich längst ahnt, worauf ich hinaus will — diktiert mir unanständige Dinge...
Oder aber, er diktiert mir *keine* unanständigen Dinge — und ich sage trotzdem: »So geht es aber nicht! So unanständige Sätze schreibe ich nicht mit...«
Falls mir an diesem Abend allerdings danach ist, »verrucht« zu sein, erkläre ich ihm — selbst, falls er von Waschpulver und Suppengrün reden sollte: »Das hört sich aber äußerst geil an, was Sie da sagen...«

Patient — Krankenschwester
Reiz dieses Spieles:
Es ist mal wieder verboten — und er kann sich beweisen, wie stark er ist. Denn als Patient muß er einiges aushalten.
Der Hintergrund:
Er hat alles unter Kontrolle — nur nicht seinen Sexualtrieb. Zwischen ihm und seinem Penis kommt eine Art Haßliebe zustande. Bei diesem Spiel kann er sich einerseits demütigen lassen, andererseits sich selbst beweisen, daß er doch alles unter Kontrolle hat — den Kopf und seinen Schwanz hochhält.
Dieses Spiel hat zwei grundlegend verschiedene Versionen. Die eine ist harmlos — und es ist kein Problem für Sie, sie zu Hause in Szene zu setzen, wenn er mal eine leichte Grippe hat (aber nicht bei 41,5° Fieber!).
Hier reizt das Verbotensein und das Behütetwerden.

Im Grunde dürfte Ihnen diese Rolle am leichtesten fallen, denn fürsorglich, wie sie ist, unterscheidet sich die Krankenschwester ja kaum von der liebevollen Ehefrau.
Beginnen können Sie dieses Spiel, indem Sie sich entweder ganz brav oder aber aufreizend anziehen, wenn Sie ihm seinen Hustensaft und seine Nasentropfen ans Bett bringen.
Besorgt, wie Sie sind, streicheln Sie ihn — erwähnen vielleicht gar schon das Wort »Untersuchung«, wenn Sie ihn überall abtasten. Im Gegensatz zu ihm dürfen Sie Ihre Hände nämlich überall an seinem Körper entlangfahren lassen — und auch mal wo verweilen.
Unabhängig davon, ob er Ihnen tatsächlich unter den Rock greifen will, oder nicht, erklären Sie ihm, daß das nicht ginge — der Krankenschwester — Wo kämen wir denn da hin?!
ER (das Unschuldslamm): »Ich habe doch aber gar nichts gemacht.«
SIE: »Das sagen alle Patienten. Aber ich habe genau gespürt, daß Sie mir an die Schenkel fassen wollten.« (Oder den Busen.)
ER (der nun endlich schnallt, was Sache ist, grapscht nun tatsächlich mehr oder weniger verwegen nach Ihnen).
SIE (geben ihm einen leichten Klaps auf die Finger): »Aber das geht nun wirklich zu weit! Soll ich das dem Doktor sagen?«
Von hier an kann das Spiel wieder diverse Richtungen einschlagen. Entweder ziehen Sie das Sich-verführen-Lassen in die Länge — um sich dann erweichen zu lassen, bevor der Doktor zur Visite erscheint, oder aber Sie erweisen sich relativ bald als gnädig — ausnahmsweise natürlich —, weil es in diesem Fall die Heilung Ihres »Patienten« ganz gewaltig beschleunigt und fördert.
Die bei uns — sehr viel häufiger — ausgeführte Variante weicht ein ganzes Stück ab von diesem Weg. Und das aus zweierlei Gründen:
Erstens spielen wir ein solches Spiel selten mit dem »Patien-

ten« allein — sondern zusammen mit einer Kollegin. Die eine repräsentiert die »Krankenschwester«, die andere die »Frau Doktor«.

Zunächst aber sitzt der Patient im »Wartezimmer« — dem Vorraum zu meinem Zimmer (oder dem Zimmer der Kollegin) — und liest eine Zeitschrift.

Die Krankenschwester und ich halten uns derweil im Zimmer auf. Nach einer angemessenen Wartezeit — je nach Neigung und Geldbeutel des »Patienten« — betritt die Krankenschwester die Szene:

K.: »So, die Frau Doktor hätte jetzt Zeit für Sie.« (Führt ihn zu mir, bleibt dabei.)

ICH: »Na, dann wollen wir den Patienten doch einmal untersuchen. Ziehen Sie sich bitte ganz aus.«

K.: »Wollen Sie es ihm wirklich sagen?«

ICH: »Sie ungeschickte Pute! Ich wollte doch erst einmal die neue Untersuchung abwarten.«

ER: »Ist was?«

ICH: »Also, Herr Müller, ich fürchte, die Ergebnisse der letzten Untersuchung waren nicht gerade das, was wir uns erhofft hatten...«

ER: »Steht es sehr schlimm um mich?«

ICH: »Wenn sich in den letzten zwei Wochen nichts verändert hat, fürchte ich, ja. Schwester Hildegard, beginnen Sie doch schon einmal mit der Untersuchung, während ich mir den Krankenbericht noch einmal vornehme.«

K.: »Aber sicher, Frau Doktor.« (Streift sich Gummihandschuhe über — untersucht ihn gründlich. Vor allem anal.)

ICH: »Na, können Sie schon etwas sagen?«

K.: »An eine so entscheidende Diagnose wage ich mich nicht heran.«

ICH: »Na, dann wollen wir mal.« (Untersuche ihn weiter.)

ER: »Können Sie schon etwas sagen, Frau Doktor?«

ICH: »Tja... ich fürchte, wir müssen operieren.«

K.: »Das ist aber doch auch ein Wahnsinn. Sie wissen doch, daß uns der letzte Patient, an dem wir diese Operation vornehmen mußten, unter den Händen weggestorben ist.«
ICH: »Es hilft nichts — wir müssen ihn kastrieren.«
Dann piesacken wir ihn — in Grenzen. (Sonst wäre er bei einer Stiefelfrau, nicht bei mir gelandet.)
Die Einzelheiten möchte ich Ihnen an dieser Stelle trotzdem ersparen. Es genügt voll und ganz, wenn ich Ihnen sage, daß einer der wichtigsten Punkte der ist, ihm den Angstschweiß auf die Stirn zu treiben.
Falls Sie dennoch glauben, daß Sie diese zweite Variante zur Bereicherung Ihres Liebeslebens brauchen: Kommen Sie zu mir in die Herbertstraße. Da können Sie es dann von mir lernen.

Exhibitionist — Opfer
Reiz dieses Spiels:
Er kann eine unschuldige Frau mit seinem großen Penis schier zu Tode erschrecken.
Hintergrund:
Auch hier: Kastrationsangst. Die Befriedigung des Exhibitionisten liegt darin, daß sein Penis — Teufelswerk, natürlich — mächtig genug ist, ein unschuldiges Ding zu er- und verschrecken.
Uns ist er ganz lieb, und wir können sogar über die Situationen, die sich mit ihm ergeben (müssen), lachen. Sollten Sie jedoch einen Exhibitionisten zu Hause haben, werden Sie herzlich wenig mit ihm anfangen können:
Er bekommt seinen Orgasmus nämlich in jedem Fall, ohne daß wir ihn anfassen. Entweder schlicht durch das Spiel selbst — oder aber durch Masturbation.
Je mehr Frauen aus »Furcht« vor seinem »bösen, bedrohlichen Penis« möglichst originalgetreu quietschen und kreischen — und sich voller Entsetzen von »dem häßlichen Wurm, den du da zwischen den Beinen hängen hast« abwenden — desto in-

tensiver und schneller ist die Befriedigung des Exhibitionisten.
Sollten Sie also einmal einen auf freier Straße, im Park oder sonstwo treffen: Wenn Sie ihm seinen Orgasmus nicht gönnen, nehmen Sie seinen Penis am besten gar nicht wahr — oder tun Sie so, als ob sie ihn nicht wahrnehmen würden. (Je lauter Sie allerdings kreischen und je mehr Entsetzen Sie zeigen, desto größer ist die Wahrscheinlichkeit, daß er Ihnen wieder auflauert — und Sie uns damit um einen Gast bringen! Ohne, daß Sie dafür von ihm auch nur eine müde Mark zu sehen bekommen!)

Dann gibt es natürlich noch Spiele wie »Erwachsener Sohn-(Stief)mutter« oder »Baby-Mami«.
Beide, würde ich allerdings vorschlagen, überlassen Sie lieber Professionellen, wie mir. Ich glaube nämlich kaum, daß Sie der einen oder anderen Phantasie etwas abgewinnen können — zumal Sie ihn beim »Baby-Mutter«-Spiel wickeln müßten — und das sollten Sie sich vielleicht nicht unbedingt antun!
Bevor ich dieses Kapitel abschließe, noch ein Wort zu den

Spielregeln
1. Spielen Sie alle diese — und auch alle anderen erdenklichen — Spiele grundsätzlich nur mit einem Mann, mit dem Sie lachen können — vor allem auch im Bett. Und von dem Sie sicher sein können, daß er Ihnen eines Tages nicht aufs Butterbrot schmiert, daß Sie irgendeines dieser Spiele mit ihm durchgezogen haben.
2. Werfen Sie ihm — bei einem späteren Streit — nie, nie, niemals vor, daß er mit Ihnen beispielsweise »Schüler-Lehrerin«, oder gar »Meine lesbische Freundin« gespielt hat!
3. Übertreiben Sie die Spiele nicht! Sie brauchen keine Schulmädchenuniform, um das »Schulmädchen« — und keine Krankenschwesterntracht, um die »Krankenschwester« zu

spielen. Wenn Ihre Kleidung andeutungsweise in die Richtung geht, genügt das voll und ganz. Im Grunde nämlich läuft jedes gute Spiel in erster Linie im Kopf ab — nicht unter der Gürtellinie. Und zusätzlich läuft's darauf hinaus, daß jede Art von Bekleidung per se überflüssig ist.

4. Sollte er auf eines der Spiele besonders abfahren, *Sie* aber die Lust daran verlieren, es in immer härteren Versionen auszuführen: Zwingen Sie sich zu nichts! Wenn er es unbedingt braucht: schicken Sie ihn zu uns in den Puff! Wie ich bereits einmal gesagt habe — und noch des öfteren sagen werde: Bei uns ist er bestens aufgehoben.

5. Sollten *Sie* feststellen, daß Ihnen beispielsweise das »Patient-Krankenschwester«-Spiel besonders gut gefällt und Sie auf die zweite Version (die härtere bis harte davon) umsteigen wollen: Widmen Sie Lektion XXIII bitte Ihre ganz besondere Aufmerksamkeit!

6. Manche dieser Spiele (wie »Neffe-Tante«, »Schüler-Lehrerin«) eignen sich hervorragend, um sie — *Ihrerseits* — nicht voll durchspielen zu müssen. Im Klartext: Anstatt ihn an sich heranzulassen, bewegen Sie ihn dazu, Hand an sich selber zu legen! Entweder ist es »schlimm genug«, daß die »Tante«, die »Schülerin«, *das* »miterleben« muß — oder aber besonders geil darauf, gerade *das* zu sehen...! Wenn Ihnen also mal nicht nach tatsächlichem Geschlechtsverkehr ist, wissen Sie nun, wie *Sie* sich davor retten — und *ihm* trotzdem seinen Spaß gönnen — können!

Kapitel XIX

EIN KAPITEL FÜR SICH:

Drei, vier, viele — Gruppensex-Spiele

Je mehr Menschen an ein- und derselben sexuellen Handlung teilnehmen, desto größer sind die Variationsmöglichkeiten — scheint es. Aber betrachten wir die Angelegenheit doch einmal genauer. Fangen wir mit dem »schlichten Dreier« an:

Zwei Frauen und ein Mann

Was Sex zu dritt angeht, beherrscht diese Version die Phantasievorstellungen der Männer am meisten — wohl, weil sie am wenigsten bedrohlich für sie ist.

Was ihre Ausführung betrifft, so gibt es drei Grundarten, von denen die ersten zwei zwar nicht fließend ineinander übergehen *müssen*, wohl aber fließend ineinander übergehen können — und es entsprechend oft tun:

1. Der Mann muß sich selbst beweisen, was für ein toller Hecht er ist — und daß er (mindestens) zwei Frauen gleichzeitig befriedigen kann. Das bedeutet: Er teilt seine Gunst zwischen den beiden Frauen relativ gerecht auf — erlebt den Orgasmus dann allerdings mit seiner »Lieblings«-, sprich Ehefrau (sofern sie dazu bereit ist, bei dieser »menage à trois« mitzumachen.
2. Der Mann tendiert zum Voyeurismus — und bittet die beiden Frauen, einander zu lieben. Dabei kann es dann auch

bleiben — bei uns in der Herbertstraße —, falls er sich nicht doch noch dazu entschließt, ein paar Scheinchen mehr herauszurücken, um mitmischen zu dürfen. Sollte er *Ihnen* diese Variation vorschlagen, wird er versprechen, »die Andere« nicht anzurühren. Aber Sie wissen ja: Männer versprechen häufig etwas, was sie im Endeffekt nicht halten können...

3. Die beiden Frauen — und das ist die absolut professionelle Version — tun sich gegen den Mann zusammen. Knechten, demütigen ihn.

Zwei Männer und eine Frau

Diese, in Privathaushalten weniger verbreitete Version des »Dreiers«, bietet dem Mann ebenfalls die Möglichkeit, zu beweisen, was für ein Supermann er ist — weil er den »Nebenbuhler« im Kampf um die Frau aussticht. (Genauer: Vater eines auswischt und Mutters Liebe für sich gewinnt.) Hier wiederum gibt es ebenfalls drei Spielarten, die allesamt fließend ineinander übergehen können, aber nicht müssen:

1. Die Frau teilt ihre Gunst zwischen beiden Männern halbwegs gerecht auf. Beenden wird sie das Spiel mit *ihrem* Mann — der daraufhin »gewonnen« hat.
2. Der Mann nutzt die Möglichkeit, latent vorhandene homosexuelle Neigungen auszuleben. Allerdings wird er das nicht vorrangig tun — sonst wäre Nummer Drei im Bunde keine Frau, sondern ein weiterer Mann.
3. Der feste Partner der Frau spielt den Voyeur. Er beobachtet, wie seine Frau es mit dem anderen treibt — und treibt es derweil mit sich selber.

Partnertausch

Ein äußerst beliebtes Spiel der 60er Jahre. Leute, die bis heute nicht gemerkt haben, daß die 90er Jahre da sind, betreiben es noch heute.

Im Grunde nicht viel anders, als Sex zu dritt — nur mit dem Unterschied, daß das Verhältnis Mann/Frau beim »Swapping« ausgewogen ist — und daß zwei fest liierte Paare beteiligt sind, wodurch die Gefahr, daß sich ein Außenseiter in die Beziehung drängen könnte, gebannt scheint.

Gruppensex

Trotz AIDS ein immer noch praktiziertes (zweifelhaftes) Vergnügen des (hauptsächlich) Mittelstandes.
Die Variationsmöglichkeiten sind unbegrenzt. Falls Sie nichts Besseres zu tun haben, können Sie ja mal selbst eine Liste erstellen. Mir ist das zu dumm.

Welche dieser Phantasien es auch sei, die Ihr Mann gern in die Tat umsetzen würde:
Wenn Sie sich nicht einhundertfünfzigprozentig sicher sind, daß Sie selbst das dringende Bedürfnis nach Sex mit mehr als zwei Personen verspüren — weil Sie, beispielsweise, bisexuelle Tendenzen haben:
Lassen Sie die Finger davon!
Ihr Gefühl von Edelmut würde sich sonst ganz schnell in ein Gefühl der Reue verwandeln — und das häufig, noch bevor die Nacht vorüber ist.
Eine Frau, die liebt, kann keine andere Frau neben sich dulden. Auch nicht — nein, schon gar nicht —, wenn sie dabei ist. Irgend etwas läuft meistens schief, irgend etwas hinterläßt meistens ein verdammt ungutes Gefühl und damit einen Bruch in der Beziehung. Wollen Sie das wirklich und wahrhaftig riskieren?
Sollten Sie befürchten, ihn zu verlieren, wenn Sie sich nicht bald entschließen, seinem Wunsch nach einem Dreier, Vierer oder Gruppensex nachzugeben:
Sie werden ihn nicht mehr *wollen*, nachdem Sie sich überwun-

den haben, ihm zu Gefallen mitzumachen. *Und* sich noch dazu auch mies vorkommen.

Trotzdem gibt es eine Alternative: Wenn er unbedingt einen Dreier oder sonst etwas in dieser Richtung braucht:
Phantasieren Sie mit ihm darüber. Und erklären Sie ihm notfalls, daß Sie beide wesentlich mehr davon haben, wenn es beim Phantasieren bleibt.

Als allerletzte (!) Alternative bliebe noch: Sie kommen mit Ihrem Mann zu uns. (In männlicher Begleitung — und nach Absprache! — dürfen Sie natürlich schon in die Herbertstraße kommen!)

Bei uns, muß ich immer wieder sagen, brauchen Sie keine Angst zu haben, daß etwas schiefläuft (nicht umsonst sind wir »Profis«). Vor allem aber brauchen Sie keine Angst davor zu haben, daß von seiner Seite — geschweige denn von unserer — auch nur das geringste Gefühl (für uns — von ihm/von ihm — für uns) ins (Sex)Spiel kommt:

Huren verlieben sich nicht in ihre Kunden. Im Gegenteil. Sie sind froh, wenn sie die Männer wieder draußen haben.

Im Klartext: In einer solchen Situation und in einem solchen Moment fungieren wir als »Hilfsmittel« — nicht viel anders als der Vibrator, den es in Sex-Shops zu kaufen gibt.

Das ist zwar eine kühle Kalkulation — aber es ist eine Tatsache. Und wenn Sie schon einen Menschen rein als Mittel zum Zweck »benutzen« — dann lieber eine Professionelle (die denkt dabei nur an ihren Kontostand), als einen Menschen, den Sie kennen und mögen.

Davon ganz abgesehen: Es passiert immer wieder, daß ein Mann eine bestimmte Phantasie im Kopf hat — doch sobald sie zur Realität wird, verliert sie an Attraktivität. Die Macht der Gefühle — *nicht* die des Sexualtriebes — sollte niemand unterschätzen.

Und Liebe von Sex trennen — das können die wenigsten. Selbst die nicht, die sich noch so locker geben.

Drei Menschen im Bett sind ganz einfach einer zuviel — und vier oder noch mehr erst recht.
Falls Sie jetzt glauben, ich hätte Ihnen hier eine Moralpredigt gehalten, liegen Sie schief. Was ich in diesem Kapitel von mir gegeben habe, hat nichts mit Moral zu tun, sondern schlicht mit Erfahrungswerten:
Ich habe schon zu viele Beziehungen zerbrechen sehen — nur weil einer von zwei Partnern darauf bestanden hat, seine Phantasien unter Einbeziehung des anderen auszuleben.

P.S.
Sollte Ihr Partner Sie »zickig« schimpfen, lassen Sie ihn dieses Kapitel lesen. Vielleicht schenkt er in einem solchen Fall dem Wort einer Hure mehr Glauben als Ihrem.

P.P.S.
Sollten Sie sich dafür entscheiden, eine von uns zu einem »Dreier« zu holen, ist es von Vorteil, wenn *Sie* sie engagieren. Dann nämlich können Sie sich am besten mit ihr absprechen — und es wird nichts geschehen, was Sie nicht mit ihr ausgemacht haben. Trotzdem wird für Ihren Mann alles ganz »echt« wirken — Sie haben schließlich nicht umsonst einen Profi hinzugezogen!

Kapitel XX

EIN KAPITEL FÜR SICH:

Bi-Sexualität

Sie haben lesbische Tendenzen — ohne, und das setze ich voraus, ausschließlich Frauen zu lieben, weil Sie dieses Buch sonst nicht läsen.
Wie schön für Sie — und für Ihren Mann, falls er damit klarkommt, daß Sie auch ohne ihn in den Genuß höchster Wonnen gelangen können.
Weibliche Bi-Sexualität ist hier allerdings nicht das Thema. Worum es an dieser Stelle vielmehr geht, ist die Bi-Sexualität der Männer.
Genauer: ihre *scheinbare* Bi-Sexualität (laut *Brockhaus* »das Nebeneinanderbestehen homo- und heterosexueller Triebe und Neigungen bei einem Menschen«).
Im Grunde nämlich sind alle Männer, die — mehr oder minder — mäßig aber regelmäßig auch Männer lieben, nichts anderes als *homo*sexuell. Sie wollen es sich lediglich nicht eingestehen.
Nehmen wir Achim, einen Freund von mir. Obwohl er einen Mann liebt und seit anderthalb Jahren mit ihm zusammenwohnt, sucht er dann und wann für ein paar Stunden eine Frau. Seine Begründung:
»Ich brauche das Gefühl, von einer Frau als Mann akzeptiert zu werden.«
Auch Peter, ein Bekannter von mir, verbirgt seine ausschließ-

liche Neigung zu Männern unter dem Deckmäntelchen der Bi-Sexualität.

»Wenn ich mit einem Mann ins Bett geh«, erklärt er, *»muß ich nüchtern sein — sonst läuft gar nichts mehr. Bei einer Frau muß ich vorher zwei, drei Cola-Rum trinken.«*

Weshalb er, wenn das so ist, seit vier Jahren mit einer Frau zusammenlebt?

»Weil eine Mann-Frau-Beziehung natürlich ist«, sagt er — nur eben (im Grunde) nicht für ihn.

Auch Ralf lebte jahrelang mit einer Frau zusammen — ohne den sexuellen Kontakt zu Männern abbrechen zu lassen. Genauer:

»Anderthalb Jahre«, sagt er, *»war ich Ulrike treu. Aber dann bin ich rückfällig geworden. Und wenn man erst mal wieder drin ist, in dem Strudel, kommt man nicht wieder heraus.«*

Ralfs Rückfall führte dazu, daß er heute AIDS-positiv ist — und Ulrike auch.

»Obwohl wir meistens Präservative benutzt haben«, wendet er ein. Nur: *»›Meistens‹ ist nicht ›immer‹, und um sich zu infizieren, genügt ein einziges Mal.«*

Gewußt haben es beide. *»Aber«*, so Ralf, *»wir haben es verdrängt. AIDS wird offensichtlich erst zur Realität, wenn man es selbst hat.«*

Auch Achim weiß alles über AIDS. Aber auch ihn bringt sein Wissen nicht dazu, Kondome zu benutzen. *»Mein Freund ist sauber«*, sagt er, *»und ich bin sauber. Wir sind einander treu.«*

Bis auf Achims Selbstbestätigung bei Frauen, versteht sich. Selbstbestätigungen, die seinem Lebensgefährten wehtun — und für die er sich eines Tages revanchieren könnte. Nur ein einziges Mal — mit einem Mann, den er nie zuvor gesehen hat, und den er danach nie wieder sehen wird, reicht aus. Einem Mann, der seinerseits zu viele Gesichter kennt, zu viele Namen, als daß er sich erinnern könnte.

Denn das ist es, was Homosexualität im Wesentlichen von Heterosexualität unterscheidet: der spontane Sex mit einem völlig Fremden.

Wer einen Partner sucht, für fünf Minuten, eine Stunde, eine Nacht, der findet ihn in einschlägigen Kneipen, auf Bahnhöfen, in Parks, auf öffentlichen Toiletten — den Treffs, wo nicht nur homo-, sondern auch vor allem verheiratete bi-sexuelle Männer andere Männer finden.

Wo auch sonst?

Einen festen Freund kann sich kein verheirateter Mann leisten — das Risiko, entdeckt zu werden, ist viel zu groß. Also sucht man da, wo die anderen suchen — und findet. Ohne daß man wie bei einer Frau erst lange »von Liebe faseln muß«.

Im Klartext: Achim, Peter, Ralf — und wie sie alle heißen — sind homosexuell. Und bestehen wie Tausende Achims, Peters und Ralfs darauf, »bi-sexuell« zu sein, weil sie den Makel, »schwul« zu sein, nicht ertragen könnten.

»Bi« zu sein, glauben sie, grenze wenigstens noch an das »Normale«. Und dabei lassen sie völlig außer acht, in welche Gefahr sie damit nicht nur sich selbst bringen, sondern auch die Frau, mit der sie zusammen sind.

Weil sie natürlich nicht im Traum daran denken, bei ihren sexuellen Kontakten zu Männern Kondome zu benutzen. Denn wie Ralf zugibt:

»Wenn's einen packt, denkt man nicht mehr an Kondome. Man will nur noch möglichst schnell zur Sache kommen.«

Bei ihren sexuellen Kontakten zu Frauen benutzen diese Männer natürlich auch kein Kondom: Jede Lebensgefährtin eines jeden Mannes würde sich darüber wundern, warum ihr Mann auf dem Gebrauch von Kondomen besteht, wenn er mit ihr verkehrt: Ein Mann, der treu ist, braucht keine Angst zu haben, seine Frau mit auch nur irgendeiner Geschlechtskrankheit infizieren zu können.

Bevor er sich also langen und unangenehmen Diskussionen aussetzt, warum, wieso, weshalb er die Benutzung von

Kondomen für angebracht hält, verzichtet er lieber ganz darauf.
Und riskiert damit nicht nur *sein*, sondern auch *ihr* Leben.
Der langen Rede kurzer Sinn: Sollten Sie auch nur den geringsten Verdacht hegen, daß Ihr Mann »fremdgeht« — mit wem auch immer —, bestehen *Sie* darauf, daß er ein Kondom überzieht — wenn Sie beide miteinander sexuell verkehren.
Glauben Sie mir: Ein Kondom tut auch dem männlichen Empfindungsvermögen keinen Abbruch. Und selbst wenn ein Mann sich einbildet, daß es das täte — Ihr Leben sollte Ihnen wichtiger sein.
Wenn bei uns einer auftaucht, der »ohne Kondom« verkehren will, lassen wir ihn entweder gar nicht erst in unser Zimmer — oder aber er fliegt ganz schnell wieder raus. Wir sind doch nicht lebensmüde!

P.S.
Sollten Sie bi-sexuelle Männer für eine kaum erwähnenswerte Minderheit halten: Gemäß einer Schätzung der »Deutschen Gesellschaft für sozialwissenschaftliche Sexualforschung« in Düsseldorf, gibt es allein in der Bundesrepublik 1,2 Millionen von ihnen!

Kapitel XXI

LEKTION NR. 14

Der Gebrauch von Kondomen

Stimmt natürlich: Die Frauen, die heute um die 30 oder 40 sind, zählen zu der Generation, die mit der »Pille« aufwuchs — und den Umgang mit dem Kondom — »Präser(vativ)«, »Gummi«, »Pariser« — gar nicht erst gelernt hat.
Wozu auch? Es bestand schließlich keine Notwendigkeit. Zur Verhütung war die Pille besser geeignet, als jedes Kondom. Folglich legte man das Präservativ ebenso erfreut ad acta, wie die Frauen der vorhergehenden Generation ihre Strümpfe und Strapse, als die Strumpfhose auf den Markt kam.
Nur: Die Zeiten haben sich geändert. Wir müssen wieder mit Kondomen leben lernen, wenn wir nicht an AIDS krepieren wollen.
Auf eines jedenfalls können Sie Gift nehmen: Bei uns Frauen in der Herbertstraße ist das Kondom immer dabei — und zwar nicht nur in der Handtasche oder der Porzellanschale im Zimmer!
Im Klartext: Bei uns kommt keiner ohne Kondom — davon. Ohne das schützende Gummi läuft bei uns gar nichts. Und wenn ich »gar nichts« sage, meine ich »absolut nichts« — bei und mit uns, darf ein Mann ohne Kondom höchstens Hand an sich selber legen — wenn das alles ist, was er — vor unseren Augen, versteht sich — will.
Keine Angst: Die sexuellen Empfindungen des Mannes wer-

den durch den Gebrauch eines Kondoms »der heutigen Generation« in keiner Weise mehr beeinträchtigt: Sie bestehen schließlich nicht mehr aus mit Quecksilberlösung getränktem Leinen — wie im 16. Jahrhundert — und auch nicht mehr aus Schafsdarm, wie die »Verhüterli«, die Sir Walter Condom, Leibarzt des lebensfrohen Britenkönigs Charles II. vor 300 Jahren bastelte (um den Monarchen vor der damals noch unheilbaren Syphilis zu schützen) — sondern aus »gefühlsfreundlichem«, hauchzartem Latex.
0,05 Millimeter mißt die Gummiwand heute allenfalls noch, wobei sie eine Dehnungsfähigkeit von 650 Prozent besitzt — internationalem Standard gemäß.
Damit Sie eine Vorstellung davon bekommen, was das heißt: 25 Liter Luft muß ein Kondom beim Gütetest aufnehmen können, ohne zu platzen!
Apropos platzen: So ungern Sie Kondome benutzen mögen — fassen Sie sie deshalb bitte trotzdem nicht mit »spitzen Fingern« an. Zart, wie sie sind, gehen sie daran kaputt! Und das ist nun wahrlich nicht im Sinne des Erfinders — und in Ihrem Sinne schon überhaupt nicht!
Was es früheren Generationen so verhaßt machte, war, daß man das Liebesspiel unterbrechen mußte, um das »Gummi« über den *erigierten* Penis zu streifen. Aber damals benutzte man es auch in erster Linie als »Schutz« vor Schwangerschaft. Weshalb wir heute gar nicht erst auf die Erektion warten. Da kommt von Anfang an Freude auf.
Wie also geht man mit dem Präservativ um?
Sehr, sehr liebevoll, sprich vorsichtig!
Und wie wendet man es an, sprich: streift man es über?
Gekonnt!
Sie, die Sie mit der »Pille« aufgewachsen sind, haben keine Ahnung, wie man ein Kondom gekonnt dorthin bekommt, wo es hingehört?
Macht nichts! Dann werden Sie es eben üben! Spätestens nach

einem Zehnerpack werden Sie eine wahre Meisterin im Kondom-Überstreifen sein — denn so schwierig ist die Anwendung von Präservativen nun wirklich nicht!
Wenn wir einmal außer acht lassen, daß Ihr Mann sich das Kondom selbst überstreifen könnte, bleiben Ihnen zwei Möglichkeiten für die Benutzung des Kondoms. Und zwar:

Mit der Hand
1. Sie öffnen das versiegelte Kondomheftchen *vorsichtig*. So zartfühlend nämlich, daß es beim Öffnen seiner Verpackung nicht gleich mit einreißt.
2. Sie nehmen das Kondom — ebenso vorsichtig — aus der Packung heraus.
3. Wie Sie sehen, hat es an der Spitze ein kleines Reservoir. Das fassen Sie — *vorsichtig!* — mit Daumen und Zeige- oder Mittelfinger der linken Hand (sofern Sie Rechtshänderin sind!).
4. Setzen Sie das Kondom — während Sie das Reservoir weiterhin festhalten — auf der Penisspitze auf —
5. und rollen auch schon — mit der rechten Hand — das Kondom den Penisschaft entlang ab. Bis zur Peniswurzel.

Mit dem Mund
1. Siehe oben.
2. Siehe oben.
3. Anstatt das Reservoir mit zwei Fingern zu umfassen, kneifen Sie es zwischen Ihre Lippen. (Achtung: Zähne dürfen Sie ihm dabei keine zeigen!)
4. Setzen Sie das Kondom — als würden Sie zu einem Kuß ansetzen — auf die Penisspitze auf.
5. Nun rollen Sie das Kondom mit Ihren Lippen über den Penisschaft — und schieben, um perfekten Sitz zu gewähren, mit einer Hand nach.

Wie Sie die Anwendung des Kondoms üben können — ohne Ihren Partner unnötig zu frustrieren?
Ganz einfach: an einem Vibrator. Sollten Sie nicht in der glücklichen Lage sein, einen solchen zu besitzen, erfüllt eine (Gemüse-) Gurke denselben Zweck.
Wie bitte?
Obwohl ich mir zu diesem Thema die Finger wund schreibe, bleiben Sie bei Ihrer vorgefaßten Meinung, Kondome seien »lustfeindlich«? Und Ihr Mann verweigert deren Gebrauch erst recht? Weil er nicht davon abzubringen ist, Kondome störten das Liebesspiel? Weil sie kurz, bevor »es« richtig losgeht, über den erigierten Penis gestreift werden müssen — und damit eine »Unterbrechung« bedeuten?
Dann passen Sie bitte mal — besonders gut — auf (und schicken Sie Ihren Partner bei mir vorbei, damit ich mal mit ihm Tacheles reden kann!):
Kondome müssen nicht lustfeindlich sein — solange Sie den Prozeß des Überstreifens zum Teil des Vorspiels werden lassen. Und die Nummer mit dem Mund ist nun wirklich hervorragend dafür geeignet!
Sie finden Kondome häßlich?
Zugegeben: Schön sind sie gerade nicht — aber Sie sollen sie sich ja nicht an die Wand hängen, obwohl ich Andy Warhol ein »gerahmtes Kondom« durchaus noch zugetraut hätte.
Aber mal ernsthaft: Das Aussehen des Kondoms ist nun wahrlich nicht entscheidend. Entscheidend ist vielmehr, was es bewirkt. Und was das ist, darüber sind wir uns ja mittlerweile einig.
Davon abgesehen gibt es Kondome mittlerweile in allen Farben des Regenbogens. Und unifarben natürlich auch: grün, rot, rosa, blau, schwarz...
Wie wäre es also, wenn Sie die Angelegenheit bunt gestalteten? Damit Sie auch in dieser Beziehung anstatt mosern zu müssen, gleich etwas zu lachen haben?

Ihnen behagt der Geschmack von Kondomen nicht?
Auch hier wurde in dieser Beziehung von cleveren Geschäftsleuten bereits Abhilfe geschaffen. Kondome gibt es mittlerweile unter anderem in den Geschmacksrichtungen »Banane«, »Himbeere«, »Erdbeere«, »Lakritz«...
Trotz alledem wollen Sie sich immer noch nicht zum Gebrauch eines Kondoms durchringen?
Nun gut: So widerspenstig *Sie* sind, so hartnäckig bin *ich*. Mein Tip für Härtefälle:
Probieren Sie Kondome nur einmal zum Spaß aus!
»Zum Spaß« heißt: Besorgen Sie welche mit zarten Noppen, groben Noppen, zarten Rillen, groben Rillen... Glauben Sie mir: Wenn Sie erst vor dem Angebot stehen, haben Sie die Qual der Wahl — so viele verschiedene Kondome sind mittlerweile schon zu haben. Für jeden Geschmack ist etwas dabei — also wohl auch für Ihren.

Kapitel XXII

LEKTION NR. 15

Er liebt *es, von Ihnen gefesselt zu werden*

Nichts ist schöner für einen Mann, als von seiner Frau gefesselt zu werden — im übertragenen Sinne sowieso, aber auch im wahrsten Sinne des Wortes:
Sie können ihn überall streicheln, küssen, liebkosen — und auch sich selbst! Sie können ihm ins Ohr flüstern, was Sie alles mit ihm vorhaben, können ihn heiß, heißer, am heißesten machen — und ihn schmoren lassen.
Am schönsten: Er kann sich gegen keinen dieser starken Reize wehren — denn ihm sind die Hände gebunden —, woraus ein zusätzlicher, starker Reiz entsteht.
Glauben Sie mir: *Jeder* Mann liebt es, von seiner Frau gefesselt zu werden — solange sie, wie bei allem was sie tut, ihr »Handwerk« versteht.
Damit *Sie* Ihr Handwerk, in diesem Fall »die Kunst des Fesselns«, verstehen, hier ein paar Tips aus meinem Gewerbe.

Fesseln für Anfänger I

Zunächst einmal brauchen Sie dazu Ihr »Handwerkszeug«. Optimal sind: ein Bett mit Kopf- und/oder Fußstangen und ein Paar Seidenstrümpfe.
Mit Ihrem Bett geht es schon los — beziehungsweise scheitert Ihr Vorhaben bereits im Ansatz? Und »nur«, um ihn zu fes-

seln, werden Sie den Teufel tun und sich ein neues Bett zulegen?
Müssen Sie auch nicht. Denn wenn Sie den ersten Absatz dieser Instruktion aufmerksam gelesen hätten, wäre Ihnen aufgefallen, daß die Rede von »optimal« — nicht »unerläßlich« war.
Angenommen also, Ihr Bett besitzt keinerlei Stangen oder Knäufe, an die Sie die Handgelenke Ihres Liebsten binden können, müssen Sie sich etwas anderes einfallen lassen.
Um Ihnen dabei auf die Sprünge zu helfen: Die meisten Matratzen haben seitliche Griffe. Machen Sie sich die also zunutze.
Auch das ist eine Fehlanzeige?
Macht nichts. Denn dann verlängern Sie einfach das Material, mit dem Sie ihn fesseln (knoten also zweimal zwei Seidenstrümpfe aneinander!) — und binden ihn an den Beinen der Nachttische fest.
Sollten Sie mir jetzt erzählen, daß Sie keine Nachttische besitzen, reißt mir noch immer nicht der Geduldsfaden. Statt dessen rate ich Ihnen (nachdem ich *ganz langsam*!) bis hundert gezählt habe: Stellen Sie verflixt noch einmal welche hin — oder zwei Küchenstühle oder Hocker: Hauptsache, etwas, das *Beine* hat!
Um das gleiche Theater nicht mit den Seidenstrümpfen zu wiederholen: alle anderen Strümpfe oder Strumpfhosen tun es auch — ebenso wie zwei große Halstücher, beziehungsweise zarte Schals denselben Zweck erfüllen.
Alles klar?
Dann kann's ja weitergehen im Text.

Wenn Sie ihn noch nie — auf diese Weise jedenfalls — gefesselt haben, sollten Sie nicht unbedingt mit der Tür ins Haus fallen.
Sorgen Sie also zunächst einmal dafür, daß er entspannt ist — aber nicht ungeil! —, indem Sie ihm den Rücken massieren

oder sonst etwas tun, was ihn sich rundherum wohl fühlen läßt.

Dann erst rücken Sie mit den »Fesseln« raus, oder genauer: mit Ihrem Wunsch, »einmal etwas auszuprobieren«.

Natürlich wird er zustimmen, denn er weiß, daß Sie nur sehr, sehr, sehr, sehr, sehr, sehr angenehme Überraschungen für ihn parat haben.

»Augen zu!«, werden Sie dann sagen — und er wird Ihnen bedingungslos gehorchen — und nachdem Sie ihn noch ein wenig gestreichelt haben — was die Spannung definitiv erhöht! — werden Sie ihn fesseln. Erst das eine Handgelenk, dann das andere (anders wäre es auch gar nicht machbar!).

Schon beim ersten Handgelenk weiß er natürlich, was angesagt ist. Aber keine Angst: Er wird ein williges »Opfer« Ihrer Fesselungskünste sein.

Und dann?

Dann liegt es an *Ihnen*, aktiv zu werden — denn er kann sich nicht vom Fleck rühren.

Was Sie ihm ab hier alles (Gutes an)tun, bleibt Ihrer Phantasie überlassen.

Fesseln für Anfänger II

Im Grunde wie Teil I — nur mit dem Unterschied, daß Sie ihm zusätzlich die Augen (mit einem Tuch) verbinden — oder ihm eine Schlafmaske (in Parfümerien erhältlich) umbinden.

Nun können Sie — wie zuvor — nicht nur mit Ihren Händen, Ihrer Zunge, Ihrer Stimme »arbeiten«, sondern Ihre Hände, Zunge und Stimme *verstärkt* einsetzen:

Wer nicht sehen kann, muß um so mehr fühlen.

Sie können natürlich auch mal ein paar Sekunden lang gar nichts tun — und ihn schmoren lassen.

Oder Sie können auch mal ein paar Sekunden lang nicht *ihn* streicheln, sondern sich selbst — und es ihm erzählen.

Wetten, daß er fast wahnsinnig wird, bei dem Gedanken, was er da alles »verpaßt«?

Wenn Sie es gut mit ihm meinen (und weshalb sonst sollten Sie dieses Buch lesen?) nehmen Sie ihm die Augenbinde ab — und beschäftigen sich zunächst einmal weiter mit sich selber ... bis Sie sich daran »erinnern«, daß er ja auch noch da ist ... Brustwarzen, Penis und Hoden hat, denen Sie Ihre Aufmerksamkeit widmen könnten. Können. Und wollen.

Wenn er nicht von allein auf die Idee kommt, Sie inständig darum zu bitten, seine Fesseln zu lösen — geben Sie ihm einen Tip.

Sagen Sie ihm, daß Sie hören wollen, daß er Sie bittet, ihn loszubinden — und vergessen Sie nicht, ihn dann sofort zu fragen, was er denn bereit wäre, dafür zu tun ...

Den Himmel auf Erden wird er Ihnen versprechen — und *dieses* Versprechen, dessen dürfen Sie versichert sein, wird er halten!

Fesseln für Fortgeschrittene

Im Grunde wie »Fesseln für Anfänger II« — mit dem Unterschied, daß Sie Handfesseln aus Stahl benutzen (wie es sie in jedem Sex-Shop zu kaufen gibt).

Aus denen kommt er nämlich allein *nicht* wieder heraus — und allein das Wissen darum, Ihnen *völlig* hilflos ausgeliefert zu sein, gibt ihm — und Ihnen — einen Extra-Kick.

Was Sie — sollten Sie ihm die Augen verbunden haben — als »Fortgeschrittene« ebenfalls tun, ist: diverse Hilfsmittel verwenden.

Ein solches Hilfsmittel kann ein Eiswürfel sein, den Sie — wie in dem Film *Neuneinhalb Wochen* — in Ihrer Hand schmelzen und auf seine Haut tropfen lassen.

Hilfsmittel können (ebenfalls wie in *Neuneinhalb Wochen*) Lebensmittel sein, mit denen Sie ihn nach dem Motto: »Mund auf, Augen zu!« füttern.

Hilfsmittel kann auch Ihr Vibrator sein, mit dem Sie ganz sanft seine erogenen Zonen massieren.
Sie sehen, die Möglichkeiten, ihn auf sanfte Weise an den Rand des Wahnsinns zu treiben — und zugleich zu höchster Lust —, sind unbegrenzt. Und wenn Sie es nicht bereits längst wissen, werden Sie merken, daß auch *Sie* dabei nicht zu kurz kommen. Erstens nicht, weil Sie es genießen werden, ihn voll und ganz in der Hand zu haben. Zweitens nicht, weil er sich im Anschluß an seine Befreiung entsprechend revanchieren wird — so Sie ihn nicht völlig fertiggemacht haben, und er seine Revanche auf einen (baldigen) anderen Abend verschieben muß...

Und wenn er *Sie* fesseln will?

Dann darf er das natürlich auch — vorausgesetzt, er hat Ihr volles Vertrauen. Genauer noch: vorausgesetzt, er hat Ihr volles Vertrauen *verdient*.
Lassen Sie sich niemals, niemals, niemals auf Fesselungsspielchen mit »Fremden« ein — das heißt, mit Männern, die Sie nicht verdammt gut aus dem Alltag kennen!
Denn wenn Sie hilflos daliegen und der andere grob wird, ist es vorbei mit dem Spaß. Für *Sie*. Für einen Sadisten hingegen fängt der Spaß gerade dann erst an.
Ebenso, wie er für Masochisten erst da beginnt, wo für *Sie* die Grenze des Machbaren erreicht ist. Aber das ist — wie Sie sich denken können — ein Kapitel für sich.

Um einen hervorragenden Übergang zum nun folgenden Kapitel zu schaffen (aber, wie Sie gleich sehen werden, nicht nur aus diesem Grund!), komme ich an dieser Stelle noch einmal auf den »Plump-Obszönen« aus Kapitel IV zurück — von dem Sie *den Teufel tun werden*, sich fesseln zu lassen.

Im Gegenteil: Hier erfahren Sie, wie sie *ihm*, zur Abwechslung, einmal zeigen, wer das Sagen hat.
Nämlich *Sie*.
Da Sadismus, wie ihn der »Plump-Obszöne« in gewisser Weise an den Tag legt, und Masochismus, wovon Sie eine gehörige Portion besitzen müssen, um mit einem »Plump-Obszönen« leben zu können, zwangsläufig eng beieinander liegen (wie Sie im nächsten Kapitel detailliert erfahren).

Im Umgang mit dem »Plump-Obszönen« — drehen Sie den Spieß einfach mal um!
Setzen Sie sich an einem Tag, an dem Sie gut drauf sind, einfach einmal in Pose — und warten seine Heimkehr ab.
»In Pose setzen« heißt: Kleiden Sie sich »streng« — nach Möglichkeit in Leder. Sitzen Sie *aufrecht*, die Beine sind übereinandergeschlagen.
Und dann sagen Sie ihm — in einem Tonfall, der keinen Widerspruch duldet (also üben, üben, üben!): »Du hast mich jahrelang dominiert — jetzt machen wir mal etwas Dominanteres. Aber von *meiner* Seite aus. Mir reicht nämlich deine Dominanz!«
Gleichgültig, ob er Sie dumm anraunzt oder vor Schreck erstarrt vor Ihnen steht, schätzen Sie ihn mit Blicken von oben bis unten ab und — reden weiter. »Weißt du überhaupt«, werden Sie ihm sagen, »daß ich auch meine Wünsche und Neigungen hab?«
Kunstpause — damit sich das Gesagte bei ihm setzen kann.
»Du hast dich jahrelang einen Dreck um meine Wünsche geschert. Jetzt drehen wir den Spieß mal um. Und du wirst meinen Neigungen entgegenkommen.«
Kunstpause — die Sie *nie und nimmer und unter gar keinen Umständen* dafür nutzen, das am Boden zerschellte Bierglas aufzusammeln, das ihm vor Schreck aus der Hand gefallen ist.
Sollte *er* hingegen die Pause nutzen, um sich auf Sie zu stürzen,

gebieten Sie ihm Einhalt. Indem Sie ihm einen ihrer stöckelbeschuhten Füße entgegenstrecken.
»Den darfst du zu meiner Begrüßung küssen«, werden Sie sagen (und wehe, Ihre Stimme bleibt dabei nicht fest!) —
und aufs Äußerste verblüfft sein (*ohne* Ihre Verblüffung jedoch zu zeigen!), daß — er *tut*, was Sie von ihm verlangen.
Es macht ihn nämlich geil.
Ohne Ihre Motivation auch nur im Geringsten zu checken, bildet er sich ein, Sie hätten nun endlich begriffen, wo er langtickt — und befänden sich auf seiner Wellenlänge.
Irrtum seinerseits.
Er befindet sich auf *Ihrer*.
Von da an können Sie jeden Wunsch äußern, den Sie nur haben — und ihn jeden nur erdenklichen Namen schimpfen, der Ihnen einfällt (denn darauf steht er ja).
Mehr noch: Wenn Sie es auch nur halbwegs geschickt anstellen, werden Sie ihn innerhalb kürzester Zeit umfunktioniert haben. In Ihren »Sklaven«.
Ihren Sklaven, der Ihnen sogar die Wohnung putzt — und zwar gerne. Weil er (ähnlich wie die Pawlowschen Hunde) — Anordnungen seiner »Herrin« ausführen muß — und sich, wenn überhaupt, nur aus einem Grund verweigert: Er will mal wieder ordentlich von Ihnen bestraft werden.
Er *braucht* nämlich seine Tracht Prügel. Die Peitsche. Oder ganz unkompliziert den Stiefeltritt.
Achtung: Sollten Sie ihn — nur aus einer Laune heraus — so gierig nach einer Bestrafung machen, daß Ihnen die Lust daran vergeht: Schicken Sie ihn zu uns. Genauer: zu einer Stiefelfrau.
Was es mit ihr und ihren Gästen auf sich hat, erfahren Sie im nächsten Kapitel.

Kapitel XXIII

EIN KAPITEL FÜR SICH:

Er braucht es, von Ihnen gefesselt zu werden

Bevor ich mich diesem Kapitel widme, hier zunächst einmal zwei Definitionen von »Perversion«. Die erste entstammt dem BROCKHAUS:

> *Perversion*
> *Pervers*, lateinisch »verkehrt«, »widernatürlich«. Die *Perversion*, »Verdrehung, Umkehrung; ein hauptsächlich entwicklungsbedingtes Abweichen von der als Norm angenommenen Betätigung des Geschlechtstriebes (zum Beispiel *Sadismus*).«

Alldieweil aber damit noch lange nicht die Frage geklärt ist, was als von der Norm abweichend betrachtet werden muß, hier eine kleine Episode aus dem richtigen Leben, wie sie Ellen, eine Freundin von mir erlebte. Ellen ist eine »Stiefelfrau«, und sie erzählt die Geschichte:

Der Mann, um den es sich handelt, ist einer meiner Stammgäste — und ein extremer Masochist. Er liebt es, derart malträtiert zu werden, daß Blut fließt.

Eines Tages dachte ich, ich müsse ihm einmal eine Abwechslung bieten. Mein Vorschlag an ihn: »Machen wir's doch mal Französisch!«

Seine völlig entsetzte Antwort darauf: »Nein! So etwas Perverses mache ich nicht mit!«

Das also zum Thema, was ist pervers — und was nicht? Und auch auf die Gefahr hin, daß ich ein scheinbares Klischee wiederhole: *Nichts* ist pervers, was *beiden* Beteiligten Spaß macht!
Treffen sich also, um langsam aber zielstrebig in dieses Kapitel einzusteigen, ein Masochist und eine Sadistin, hat der Topf seinen Deckel gefunden — und die Sexualität ist für die beiden wunderbar. Punkt.
Sie wissen nicht, wovon die Rede ist?
Nun gut. Ziehen wir eben den BROCKHAUS zu Rate:

Masochismus:
»Eine sexuelle Perversion, die ausschließlich in lustvoll erlebten Demütigungen oder Qualen, auch durch Selbstgeißelung *(Flagellantismus)*, geschlechtliche Befriedigung findet, im Unterschied zum *Sadismus*.«

Flagellation:
»Geißelung oder Auspeitschung des menschlichen Körpers. Im Mittelalter war die Flagellation eine weitverbreitete Form der religiösen Buße, die sich in Europa vom 13. bis 15. Jahrhundert bis zur psychischen Epidemie, dem *Flagellantismus*, steigerte. Die Flagellation dient zudem in aktiver wie passiver Form der sexuellen Erregung; in ihrer abnormen, masochistischen Ausprägung zählt sie zu den sexuellen Perversionen.«

Sadismus:
»Geschlechtliche Befriedigung durch Quälen des Partners/Lust an Grausamkeiten.«

Sadomasochismus:
»Gefühlshaltung, bei der die Lust an aktiver Schmerzzufügung *(Sadismus)* verbunden mit der Lust an passiver Schmerzerduldung *(Masochismus)* in Erscheinung tritt.«

Abgeleitet wurden die Begriffe übrigens von Leopold von Sacher-Masoch, einem österreichischen Romanschriftsteller des 19. Jahrhunderts *(Venus im Pelz)*, und dem französischen Sexrevolutionär und Romanschriftsteller Marquis Alphonse de Sade *(Justine)*, der im 18. Jahrhundert lebte.
Alles soweit klar?
Dann bleibt für dieses Kapitel eigentlich nur noch zu klären, wer oder was die Domina ist und wie ihre Arbeitsutensilien aussehen.

Domina

ist ein lateinisches Wort — und heißt in seinem Plural darum »Dominae« und nicht etwa »Dominas«. Die Übersetzung ins Deutsche lautet: »Herrin«.
Herrin ist sie wiederum für ihre Gäste — ausgewachsene Masochisten.
Eine weitere Bezeichnung für eine Domina ist »Stiefelfrau«. Und das ganz schlicht, weil sie Stiefel trägt. Mit hohem Schaft. Und hohen, spitzen Absätzen — die immer wieder mal gezielt zum Einsatz kommen.
Die Arbeitskleidung der Stiefelfrau besteht aus Leder. Daran ist sie mit einem Blick als Domina zu erkennen. Nicht nur für ihre potentiellen Gäste, sondern auch für alle anderen. Denn ihre Kleidung signalisiert: Ich mache mit dir alles — aber du machst mit mir nichts.
Nichts heißt: Eine Stiefelfrau läßt sich von keinem ihrer Gäste anfassen — nirgendwo. Aber das wollen ihre Gäste (zumeist) auch gar nicht. Ihr Vergnügen besteht im Schmerz. Dem Schmerz, der ihnen — psychisch und physisch — zugefügt wird.
Im Klartext: Die Domina oder Stiefelfrau übernimmt den Part der Sadistin — ohne jedoch, im Regelfall, eine zu sein. Was man von ihr hingegen ohne weiteres und durch die Bank sagen kann, ist: Sie hat Nerven wie Drahtseile.

Häufig — aber nicht immer — besitzt sie eine Krankenschwesternausbildung; in jedem Fall jedoch hat sie medizinische Grundkenntnisse.

Weshalb sie die so dringend benötigt, wird Ihnen klar, wenn ich Ihnen verrate, welche Art Hilfsmittel Sie im Arbeitsraum einer Domina, auch »Stiefelfrau« genannt, finden können.

Die Folterkammer

Hier arbeitet die Domina. Folglich befinden sich hier auch ihre Utensilien. Dazu zählen unter anderem: ein gynäkologischer Stuhl, eine Streckbank, ein Bock, ein Kreuz, ein Flaschenzug, diverse Hundehalsbänder (wovon einige innen spitze Nägel haben), mehrere Sortimente Peitschen, ein Nagelbrett, Henkerschlingen, Dildos (Gummischwänze) und Vibratoren in allen Größen, Gardinenklammern, Gewichte und spitze, lange Nadeln.

Unter — gegebenen — Umständen arbeitet die Domina nicht allein, sondern mit einer *Zofe*.

Sie ist die Assistentin der Domina — und häufig eine ganz normale Hure.

Das wiederum bedeutet: *Sie* darf der Gast anfassen — sofern seine Herrin es zuläßt. Mit ihr, der Zofe, darf er den Geschlechtsverkehr ausüben — solange seine Herrin es ihm ausdrücklich befiehlt, was sie natürlich klugerweise nur dann tut, wenn er a) es möchte und b) dazu in der Lage ist.

Daß eine Zofe »extra« kostet, muß ich wohl nicht extra erwähnen.

Um die Besetzung vollständig zu machen, fehlt nur noch ein Blick auf die Gäste, die für eine Stiefelfrau allesamt »Sklaven« sind — da sie ja die »Herrin« ist.

Die Sklaven

Von wenigen Ausnahmen abgesehen, kann man die Gäste einer Domina fast immer auf den ersten Blick erkennen: Sie sind — Ausnahmen bestätigen die Regel — die bestangezogenen und gepflegtesten Männer, die durch die Herbertstraße laufen.
Mit anderen Worten: Sie haben Stil, häufig einen hochdotierten Beruf — und Macht. In ihrer Hand liegt das Wohl oder Wehe der Angestellten, die sie führen und Gedeih oder Verderb der Firma, die sie leiten.
Sie haben nur ein Problem: Sie kommen mit der Macht, die sie haben, auf die eine oder andere Weise nicht zurecht. Ganz tief in ihrem Inneren sind sie überzeugt davon, daß sie die Erfolge, die sie im Beruf erzielen, gar nicht verdient haben. Da sie selbstverständlich — außerhalb ihrer Sexualität — noch bei klarem Verstand sind, schmeißen sie nicht einfach ihren Job hin, sondern versuchen, mit ihren Schuldgefühlen zu leben. Sie zu kompensieren. Und sie lechzen geradezu nach Prügeln (und mehr).
Die amerikanischen Psychotherapeuten Sam Janus, Barbara Bess und Carol Saltus nahmen in ihrem Buch *A Sexual Profile of Men in Power — Die Mächtigen und der Sex* auseinander, warum gerade unter den mächtigsten Männern die meisten Masochisten zu finden sind. Und sie erklären es in etwa so:
Durch die körperlichen und seelischen Demütigungen, die sie bei einer Stiefelfrau erfahren, beweisen Masochisten sich selber, daß sie — entgegen ihrer innersten Überzeugung — *doch* der starke Mann sind, der sie so gern wären: Nur ein wirklicher Mann kann so viel »einstecken« wie sie — an Schmerz.
Masochisten haben eine absolut verkorkste Mutterbeziehung — verkorkster noch, als alle anderen Menschen sie haben. Anstatt nun zu erkennen, daß ausgerechnet ihre Mutter alles andere ist (oder war) als der Engel, für den sie sie halten (oder ge-

halten haben), wünschen sie sich nichts mehr, als endlich den Respekt ihrer Mutter zu gewinnen.

Der wiederum ist, gleichgültig, was immer sie auch tun, was immer sie auch leisten, bis heute nichts gut genug — und wird es auch nie sein. (Was hat er schon geleistet für seine drei Millionen Mark Jahreseinkommen — der Junge hatte einfach mehr Glück als Verstand! Was ist das schon, daß er einen »Oscar« bekommen hat — der Junge war schon immer ein guter Schauspieler. Genauer: Er *kann* gar nichts anderes als schauspielern — keine Kunst, daß er damit Geld macht.)

Da er Mutter nie seine Stärke beweisen kann, beweist er sie einer Stiefelfrau. Als Mutterersatz.

Je größer die Qualen sind, die er erleidet, desto eher kann er sich wie ein Märtyrer vorkommen. Und Märtyrer waren schon immer etwas Besonderes — und werden immer etwas Besonderes bleiben. Genauer: Sie sind »auserwählt«.

Leid läutert — glauben sie. Und sehen in dem Erdulden von Qualen — ähnlich den Flagellanten im Mittelalter — eine »reinigende Prüfung«, die sie, fürs erste, von ihrer Schuld befreit.

Ihr Bewußtsein und ihre Machtgier stehen in deutlichem Widerspruch zueinander. Um beiden gerecht zu werden, weichen sie auf sadomasochistische Machtspiele aus.

Das Fazit, zu dem Janus, Bess und Saltus kommen, lautet:

»*Infolge ihrer Pathologie ziehen sie einen Lustgewinn aus schmerzhaften Erfahrungen. Psychoanalytisch gesehen ist das ein Rückfall in jenes Lebensstadium, in dem die Vergebung der Sünden durch Bestrafung erlangt werden kann. Wenn ein kleines Kind, das ›schlimm‹ war, von seiner Mutter bestraft wird, dann wird dadurch das ›schlimme Ich‹ ausgetrieben und das Kind verdient wieder, geliebt zu werden. Manche Kinder sind sogar absichtlich ›schlimm‹, um eine Bestrafung herauszufordern, nur wegen des köstlichen Gefühls der engen Zugehörigkeit zu ihrer Mutter, das darauf folgt.*«

Um Sie nicht mit den Masochisten alleinzulassen (was für Sie völlig ungefährlich wäre!), hier noch ein paar Sätze zu Sadisten — die allerdings *nicht* zu den Gästen der Stiefelfrauen zählen.

Der Sadist ist, im Grunde, ein Masochist, der sich zur Wehr setzt: Er tut anderen an, wovon er fürchtet, daß sie es ihm antun könnten — hätte er nicht die Nase vorn.

Beide — Masochisten wie Sadisten — leiden unter Kastrationsangst: Der Masochist hofft, sie dadurch zu verringern (denn ganz abschaffen kann er sie nicht), daß er sie sich — symbolisch — selber zufügt. Der Sadist geht in die Offensive — und beweist sich damit selber, daß er nicht kastriert worden ist.

Um zum Abschluß der psychologischen Abhandlungen auch noch Freud zu bemühen: Er erklärte, daß der primäre Impuls der sadistische sei — und beim Masochisten lediglich eine »Aggressionsumkehr« stattgefunden habe. Anstatt seine Aggressionen an anderen auszulassen, richtet er seine Zerstörungswut gegen sich selber. Gegen seinen eigenen Körper, um genau zu sein (daher: Sadomasochismus — im Fachjargon übrigens »Englisch« genannt).

Masochisten also wollen gedemütigt, geknechtet, gezüchtigt werden — was aller Wahrscheinlichkeit nach nicht unbedingt *das* ist, was Sie sich unter einer heißen Liebesnacht vorstellen — und ich auch nicht, wenn ich ehrlich bin.

Da Masochisten — in der Regel — alles andere als dumm sind, weiß ein dahingehend veranlagter Mann natürlich ebenfalls, daß *seine* Vorstellung von höchster Lust sich um einiges, bis gewaltig, von Ihrer unterscheidet.

Was macht er also?

Er geht, klammheimlich, in die Herbertstraße — und hält Sie so aus allem raus. Und das ist auch gut so. Wie sang doch Carly Simon in ihrem *No Secrets*-Hit?

»Manchmal wünsche ich mir, oft wünsche ich mir, daß ich einige deiner Geheimnisse nie erfahren hätte.«

Mal ernsthaft: Würden Sie es wirklich wissen wollen, wenn Ihr Mann Masochist wäre? Sich von einer Stiefelfrau ans Kreuz binden und auspeitschen; auf die Streckbank spannen und mit Zigarettenglut malträtieren, auf den gynäkologischen Stuhl fesseln und mit dem größten der größten Dildos anal befriedigen ließe?

Würden Sie wirklich wissen wollen, wenn er als »Sklave« von der Stiefelfrau auf allen Vieren, mit einer Hundeleine um den Hals, nackt durchs Zimmer gejagt und dazu noch getreten würde?

Würden Sie wirklich wissen wollen, was sich dort verbal abspielt? Könnten Sie es ertragen, daß »seine« Domina ihm die — in Ihren Ohren — lächerlichsten Befehle gibt — und er sie nach einem devoten »Ja, Herrin!« ausführt?

Könnten Sie all diese Dinge ertragen — die noch die harmlosesten von der breiten Palette einer geschickten Domina sind?

Sie könnten es *nicht* — ebensowenig, wie ich es könnte.

Sie könnten es nicht einmal — und *insbesondere dann nicht* —, wenn Sie einen solchen Mann über alle Maßen liebten, und es ihm zuliebe lernen wollten. Lernen, zu ertragen — und auszuführen.

Lesen Sie einmal, was eine versierte Stiefelfrau, wie Ellen, dazu sagt:

Eines Tages konfrontierte mich einer meiner Stammgäste damit, daß er seine masochistische Neigung nicht länger vor seiner Frau hatte verbergen können — und daß er sie bei seinem nächsten Besuch bei mir mitbrächte: Sie wollte sich von mir »anlernen« lassen.

Nehmen wir an, er hatte Stufe acht von angenommenen zehn Stufen masochistischer Behandlung erreicht, äußerte er bei diesem Telefonat die Bitte, im Beisein seiner Frau nicht weiter als Stufe zwei zu gehen — was ich ohnehin nicht getan hätte.

Die beiden kamen also, Hand in Hand — und ich ließ ihm eine

der sanftesten Behandlungen zukommen, die einem Mann zukommen kann, der ausdrücklich nach der Folterkammer verlangt.
Seine Frau hielt sich wirklich tapfer — und ließ sich alles von mir erklären. Ein paar Wochen später tauchte mein Gast mit ihr ein zweites, und bald danach ein drittes Mal auf.
Danach kam er wieder alleine zu mir: Seine Beziehung war in die Brüche gegangen.
So sehr seine Frau sich darum bemüht hatte, ihn nicht nur zu verstehen, sondern eben auch auf seine Weise zu lieben — im Endeffekt hatte sie es nicht geschafft.
Keine Frau schafft es — sofern sie nicht zufälligerweise sadistische Neigungen hat — und das ist auch verständlich: Niemand mag den Menschen, den er liebt, wimmernd am Boden sehen — schon gar nicht auf dessen eigenen Wunsch.
Niemand mag dem Menschen, den er liebt, Höllenqualen zufügen — auch dann nicht, wenn er weiß, daß es für diesen Menschen nichts Himmlischeres als Höllenqualen gibt.

Mein Rat, wenn Sie erfahren, Ihr Mann ist Masochist:
Halten Sie sich aus der Angelegenheit heraus! Und denken Sie nicht darüber nach, daß er alle drei oder vier Wochen zu mir kommt, um sich eine »Behandlung« angedeihen zu lassen.
Was ihn zu mir führt, ist nicht Liebe, *sondern sein* Trieb. *Ein Trieb, für den er sich oft genug selbst verflucht — und somit nie dem Teufelskreis seiner Gefühle entrinnt.*
Was ihn bei Ihnen *hält, ist Liebe. Respekt.*
Er »betrügt« Sie nicht einmal mit mir — weder verlangt, noch bekommt er meinen Körper.
Was ich ihm gebe, ist Ruhe.
Ruhe vor seinen abwegigen Gelüsten — bis zum nächsten Mal.
Denn eines ist gewiß: Ändern wird er sich nicht *mehr. Nicht mit aller Zärtlichkeit, nicht mit aller Liebe, die Sie ihm geben.*
Zwingen Sie ihn also bitte nicht zu Versprechungen, die er nicht

halten kann. Und betrachten Sie mich nicht als »Konkurrenz«, sondern als Therapeutin. Denn das und nichts anderes bin ich für Ihren Mann.

Soviel also zu den Gästen der Stiefelfrauen — denen *Sie* es garantiert nicht an der Nasenspitze ansehen, daß sie das sind. Und denen Sie es nicht einmal im Bett anmerken müssen — denn in vielen Fällen verhalten sie sich sexuell völlig normal — bis auf die eine Stunde im Monat, die sie bei Ellen, Michaela, oder einer anderen Domina verbringen. Und die sind, da hat Ellen recht, keine Konkurrenz für Sie. Sie sind wirklich Therapeuten, die aus Ihrer Beziehung — unter Umständen — das heraushalten, was *Sie* eh nicht ertragen würden oder könnten.
Um Ihre anfängliche Frage: »Was suchen Männer im Puff?« jedoch endgültig zu beantworten, müssen Sie noch ein weiteres Kapitel sexueller Abweichungen durchstehen (oder eben überblättern, wenn Ihnen nicht danach zumute ist).
Und zwar das nächste. Das auf der folgenden Seite beginnt.

Kapitel XXIV

DAS LETZTE (?)

Analverkehr bis Wasserspiele

Fast hätten Sie gedacht, ich winde mich um diese Themen herum?
Wie könnte ich — denn sie sind in diesem Buch unerläßlich.
Also spare ich mir — und Ihnen — lange Vorreden, und steige gleich voll in dieses letzte Kapitel ein. Und zwar alphabetisch.

Analverkehr

Sollten Sie sich nicht selbst einen Reim darauf machen können: Analverkehr, im Fachjargon »Griechisch«, wird definiert als »sexueller Kontakt zwischen den Geschlechtsorganen eines Mannes und dem Anus eines anderen Menschen«.

Bevor ich auf den Analverkehr, wie er definiert wird, eingehe, sollten Sie eines wissen:
Bei den meisten Menschen ist der Anus eine höchst sensible und daher äußerst wichtige erogene Zone.
Eigentlich alle Männer lieben es, wenn ihr Anus sanft mit den Fingern massiert oder gar geküßt und geleckt wird. Das wird von Sexualwissenschaftlern als »Anilinctus« (zusammengesetzt aus dem Lateinischen »anus«, der Darmausgang und »linguere«, lecken) definiert. Die meisten meiner Kolleginnen — und ich — verkaufen diesen Service nicht.

Was wir jedoch tun, ist: den Anus eines Mannes manuell — also mit der Hand — stimulieren. Und wenn wir merken, bei ihm damit eine besonders erogene Zone erwischt zu haben, auch mit einem Vibrator.

Bei einem Großteil unserer Gäste belassen wir es nicht dabei, den Anus *äußerlich* zu stimulieren, sondern führen den Mittelfinger (nachdem wir einen Gummihandschuh übergezogen haben, versteht sich), einen (kleineren oder größeren) Vibrator, Dildo oder auch eine Kerze ein. Daß wir Finger, Vibrator, Dildo oder Kerze zuvor mit einer großzügig bemessenen Menge eines künstlichen Gleitmittels versehen, brauche ich wohl nicht extra zu erwähnen. Dann bewegen wir, was immer wir in den After des Gastes eingeführt haben, mal sanfter, mal heftiger, mal tiefer und mal weniger tief, *rhythmisch* hinein und heraus. Je nachdem, was unserem Gast höchste Wonnen bereitet.

Die *Sauberkeit* des Partners — und natürlich auch die eigene — ist bei derlei Betätigungen selbstredend nicht nur von Wichtigkeit, sondern absolut unerläßlich!

Achtung übrigens: Sollten Sie den Anus Ihres Partners, ähnlich wie wir, stimulieren wollen, können sich lange Fingernägel nicht nur als hinderlich, sondern gar als äußerst schmerzhaft erweisen. Vergessen Sie das bitte nicht!

Soviel also zum »analen Vorspiel« und damit weiter zum Analverkehr in seiner Originaldefinition.

Wie wir immer wieder feststellen, gibt es kaum einen Mann, der Analverkehr zumindest nicht einmal ausprobieren möchte. Sie würden sich wundern, wie oft wir die Frage gestellt bekommen: »Machst du's anal?«

Und die Antwort lautet — in der Herbertstraße zumindest — eigentlich immer »nein!«, und das war schon *vor* AIDS so.

Sie wissen ja: Analverkehr ist mit die sicherste Infizierungsquelle für diese tödliche Immunkrankheit. Weil der After nun mal nicht für den Penis gedacht ist, die zarte Haut beim Anal-

verkehr schnell einreißen kann und somit Nährboden bietet für die AIDS-Viren, die eben nicht nur über direkte Blutkontakte, sondern eben auch mit dem Sperma übertragen werden. Weil sie sich darin befinden.
Selbst *mit* Kondom ist diese Sexualpraktik riskant — weil Kondome gerade beim Analverkehr dazu tendieren, zu reißen — und damit keinen Schutz mehr bieten.
Aber da dieses Buch ja weder als »Leitfaden fürs Gewerbe« gedacht ist, noch als Ratgeber, wie Sie »Eintagsfliegen« den Himmel auf Erden bereiten (obwohl Sie natürlich mit den Erkenntnissen, die Sie aus diesem Buch ziehen, machen können, was Sie wollen!), setze ich einmal voraus, Sie haben eine feste, liebevolle Beziehung, der Sie — in punkto Sexualität — ganz einfach ein bißchen mehr Pep verleihen wollen.
Um es gleich vorwegzunehmen: Mir behagt Analverkehr in keiner Weise. Beruflich sowieso nicht — und auch nicht privat. Aber Sie wissen ja: Die Grenzen dessen, was einer dem anderen im Bett zu geben bereit ist, sind äußerst individuell.
Angenommen also, Sie könnten sich mit dem Gedanken anfreunden, Analverkehr zumindest einmal zu versuchen, sollten Sie wenigstens die Grundregeln kennen. Und die lauten:

1. *Bevor* Sie auch nur einen einzigen Gedanken an die Ausübung von Analverkehr verschwenden, sollten Sie sich vergewissern, daß Ihr Partner *sanft* vorgeht. Das heißt im Klartext: Ohne, daß er Sie *liebevoll und entsprechend zärtlich* darauf vorbereitet — und Ihre Analregion völlig entspannt ist, läuft *gar nichts*! (*Wie* er das tun kann, siehe oben.)
2. *Bevor* Sie nicht klipp und klar geklärt haben, daß Ihr Partner *augenblicklich und sofort* von seinem Vorhaben abläßt, sobald Sie ihn darum bitten, läuft ebenfalls *nichts*!
3. Im Gegensatz zur Vagina versorgt sich der Anus nicht mit einer eigenen Gleitflüssigkeit. Daher sollten Sie ihm unbedingt eine zukommen lassen. Entweder eine natürliche,

wie Vaginalsekret, Speichel oder aber eine Gleitcreme, wie es sie nicht nur in jedem Sex-Shop, sondern auch in Drogerien und Apotheken zu kaufen gibt.
4. Nach der Einführung des Penis in den After, die nicht nur *langsam und behutsam* vorgenommen werden sollte, sondern *muß*, ist es ratsam, daß der Penis zunächst *nicht* bewegt wird — denn der Schließmuskel braucht erst einmal Zeit, um ganz und gar zu entspannen.
5. Sobald der Penis erst einmal direkten Kontakt mit dem After hatte, ist die Vagina für ihn, ab sofort, *tabu*! Erst wenn der Penis *gründlich* gewaschen wurde, darf er sich wieder der Vagina zuwenden — sonst besteht die nicht zu unterschätzende Gefahr, daß Darmbakterien in die Scheide übertragen werden, und es zu Infektionen kommt.
6. Sollte Ihr Partner sein Versprechen nicht einlösen, sich augenblicklich aus Ihrem Anus zurückzuziehen, sobald Sie ihn darum bitten: greifen Sie nach seinen Hoden — und drücken Sie *fest* zu (ähnlich wie in Kapitel XIII)! Diese Schrecksekunde können Sie nutzen, sich *ihm* zu entziehen.
7. Nach einigen vorsichtigen Versuchen, empfinden manche Frauen den Analverkehr als äußerst lustvoll. Sollten Sie dazugehören, kann Ihr Partner noch ein übriges tun, um Ihre Lust zu steigern. Indem er, Sie ahnen es schon, Ihre Klitoris manuell stimuliert (falls Sie es nicht vorziehen, die Sache selbst in die Hand zu nehmen!).

Fetischismus

Um schnell zu klären, wovon hier die Rede ist, bemühe ich am besten mal wieder den BROCKHAUS:

Fetisch
»portugiesisch-französisch, lateinisch facticius, ›nachgemacht‹, ›künstlich‹, ist ein Gegenstand, dem eine außer-

natürliche Macht persönlicher oder unpersönlicher Art innewohnt ... Jeder Gegenstand kann zum Fetisch werden. Für jedes Anliegen kann es einen speziellen Fetisch geben. Wenn er versagt, ersetzt man ihn durch einen neuen ...«

Fetischismus
»*Psychologie:* Störung des Sexualverhaltens; Erregung oder Steigerung sexueller Empfindungen durch Einengung (Fixierung) auf Körperteile, Eigenschaften oder Gegenstände (zum Beispiel Schuhe, Taschen, Wäschestücke, Haare); meist gehören diese Gegenstände einem Menschen, den der Fetischist verehrt oder begehrt.«

Und wo ich gerade dabei bin, zu zitieren, gleich weiter im Text aus Constanze Elsners Buch *Männer, Männer, Männer:*

»*Über die Ursachen, die zu erotischem Fetischismus führen, haben sich eine Menge kluger Leute den Kopf zerbrochen. Freud sagt, daß besagter Fetischismus mit dem Ödipus-Komplex des Mannes verbunden ist. Über tausend Umwege kommt er dann zu dem Schluß, daß der Baby-Junge den Fetisch mit seinem Penis identifiziert ...*
Neuere Theorien als die Freudsche erklären Fetischismus nicht allein damit, daß der Junge — und später der Mann — den Fetisch mit seinem Penis gleichsetzt, sondern daß er den Verlust der Mutter fürchtet. So klammert er sich — ähnlich wie kleine Mädchen an einen Teddybär oder eine Schmusepuppe — an einen Fetisch, den er mit der Mutter identifiziert. Hat er ihren Schuh oder ihre Schürze in der Hand, fühlt er sich geborgen und — alldieweil er sich mit seiner Mutter vereinigen will — sexuell erregt. Dieser Theorie gemäß also bekommt der Junge eine Erektion, weil er den Fetisch für Mutter, sprich ihre Vagina, hält.«

Apropos Schürze. Dazu fällt mir doch gleich eine Episode ein:

Meine Kollegin Michaela und ich hatten einen Gast — jung, erfolgreich, berühmt übrigens —, der darauf bestand, ich solle eine Satin-Schürze tragen.
Nur: Woher nehmen — mitten in der Nacht in der Herbertstraße?
Wir klapperten ein Haus nach dem anderen ab — keine unserer Kolleginnen besaß das Gefragte.
Plötzlich brach Michaela in Jubelschreie aus. Sie hatte entdeckt, was wir brauchen konnten: einen Satin-Vorhang.
Den kauften wir dann dem Bordellbesitzer für einen Hunderter ab — und schneiderten schnell eine Schürze.
»Schneidern« ist vielleicht ein wenig übertrieben: Wir schnitten einfach aus dem Stoff eine Schürze aus — und die trug ich dann. Damit war der Abend für den jungen Mann gerettet...

Sollten Sie jetzt in das nächste Kaufhaus rennen wollen, um Ihren Partner heute abend mit einer Satin-Schürze zu überraschen — werden wohl eher *Sie* eine Überraschung erleben: Satin ist nämlich (wie alle glänzenden Stoffe) gefragt.
Worauf Männer außerdem fixiert sind, *wenn* sie auf etwas fixiert sind, ist Gummi, Leder, und sind — möglichst hochhackige! — Pumps.

Um Sie auch gleich vollständig aufzuklären: Bei »waschechten«, also einhundertprozentigen Fetischisten, kommen Sie auch damit nicht weiter, daß *Sie* zum Beispiel Leder oder Gummi tragen — sondern die wollen es selbst anziehen.
Lassen wir hier doch einmal Michaela zu Wort kommen:

»Einer meiner Gäste trug, wie manch anderer auch, eine Reisetasche bei sich, als er zu mir kam.

Als er sie öffnete, kam ein Gummianzug zum Vorschein, den mein Gast sofort anzog und der an ihm lag, wie eine zweite Haut.
Fast alles, was er wollte, war: in diesem Anzug stundenlang in der Sommerhitze braten — die Außentemperatur betrug an diesem schönen Sommertag 36 Grad.
Nicht genug damit, daß er sich in dem Gummi schon halbtot schwitzte, verlangte er von mir, daß ich ihn zusätzlich in zwei dicke Wolldecken hüllen sollte, die er ebenfalls selbst mitgebracht hatte.
Warum mein Gast deshalb extra zu mir kam — anstatt sich zu Hause im stillen Kämmerlein im Hochsommer winterfest zu verpacken, hat übrigens zwei Gründe.
Der eine: Was nützt die schönste Selbstgeißelung, wenn es niemand sieht? Der andere: Ohne eine zweite Person ist dieses Unterfangen lebensgefährlich: Weil niemand da ist, der einen retten kann, wenn man drauf und dran ist, daß einen der Schlag trifft. Der Hitzschlag.«

Woran Sie erkennen können, ob Ihr Partner irgendeinen »Fetisch« hat?
Ganz einfach: Wenn er's mit Ihnen nur in Reizwäsche (die Sie *oder* er tragen) treiben kann; wenn er Sie bittet, Ihre Stöckelschuhe im Bett anzulassen; wenn er immer dann am heißesten auf Sex ist, wenn Sie die Küchenschürze tragen (die Sie bislang, in Unkenntnis der Tatsachen, wahrscheinlich immer schnell abgenommen haben!); wenn er Ihnen einen Leder-Tanga nach dem anderen schenkt (die Sie bislang alle in die Ecke geworfen haben, weil Sie Leder unbequem fanden) oder wenn Sie in der hintersten Ecke des Kleiderschranks Gummikleidung entdecken, von der Sie bislang nicht wußten, wo sie herkommt und wer sie trägt.
Nun wissen Sie es: *Er.*

Es müssen übrigens auch nicht immer so offensichtliche Fetische wie Leder, Gummi oder *Schuhe* sein. *Hand*schuhe tun's auch. Wie Professor Dr. Ernest Bornemann vor einigen Jahren in seiner Kolumne in *Neue Revue* berichtete, gibt es »in fast jeder größeren Stadt Handschuhclubs, wo die Mitglieder getragene Frauenhandschuhe austauschen können«.
Falls das Ihre Verwunderung und Neugierde geweckt haben sollte, übergebe ich, als Abschluß des Stichwortes »Fetischismus«, einem Handschuhfetischisten das Wort:

»Ich bin geschieden und habe ein Problem.
Meine verstorbene Mutter war eine hübsche Frau mit wunderschönen Händen. Ich werde nie vergessen, wie sie mich als Kind gestreichelt hat. Besonders, wenn sie mit meinem Vater ins Theater ging und bereits mit Glacéhandschuhen zu mir ans Bett kam. Einmal ist meine Pyjamahose runtergerutscht, als sie mich hochhob.
Ich werde nie vergessen, wie sich das angefühlt hat, ihre Handschuhe auf meinem nackten Po und an meinem Glied.
Meine Frau habe ich nur geheiratet, weil auch sie schöne Hände hat und meiner Mutter ähnlich sieht.
Es hat lange gedauert, bis ich den Mut gefunden hatte, ihr zu sagen, daß sie Glacéhandschuhe anziehen soll. wenn wir zusammen schlafen.
Sie hat's getan, und es war wunderschön, als sie mich mit der ledernen Hand befriedigt hat.
Mein Problem begann, als ich merkte, daß mir die Handschuhe wichtiger waren als meine Frau.«

Masturbation

Erwarten Sie an dieser Stelle bitte nicht von mir, daß ich Ihnen lang und breit erkläre, wie Sie Ihren Partner, geschweige denn, wie Sie sich selber manuell zum Orgasmus bringen.

Dies ist ein Sexratgeber für Fortgeschrittene — nicht für Anfänger.
Worauf ich jedoch nicht unterlassen möchte, Sie hinzuweisen, ist: »Handbetrieb« kann, als Vor-, Zwischen- oder Endspiel, sehr lustvoll sein.

Als Vorspiel

Wenn der Geist zwar willig ist, das Fleisch aber schwach — der Penis schlapp —, können Sie bei ihm Hand anlegen, oder auch bei sich.
Einzeln oder kombiniert wirkt diese Handarbeit Wunder.

Als Zwischenspiel

Wenn er drauf und dran ist, aufs Ganze zu gehen — *Sie* ihn, sprich, seinen Penis, aber noch länger genießen wollen —, bleibt Ihnen gar nichts anderes übrig, als erst einmal »Pause« zu machen.
Während dieser Pause können Sie ihn *leicht* mit der Hand stimulieren, um ihn erregt zu halten — oder eben auch sich selbst —, aus gleichem Grund, versteht sich.

Als Endspiel

Mit oder ohne »Grund«, also auch ganz einfach mal zur Abwechslung, können Sie ihn mit der Hand zum Orgasmus bringen.
Und sich selbst natürlich auch — wenn Sie unbedingt einen Orgasmus wollen, es aber auf andere Weise nicht so recht klappt.
Keine Angst: Er wird schon nicht gefrustet sein, wenn Sie sich selbst weiterhelfen. Er ist ja dabei — und geteilte Freude verdoppelt sich bekanntlich!

Pornographie

Männer sind, aber das wissen Sie schon lange, sehr viel visueller als Frauen — was Sex betrifft.
Nicht umsonst gibt es — von gesellschaftsfähigen Hochglanzmagazinen wie *lui*, *Playboy*, *Penthouse* angefangen über harte (ebenfalls noch Hochglanz-)Magazine wie *Hustler* bis zu Hardcore-Magazinen der unterschiedlichsten Titel (und an denen wahrlich nichts mehr glänzt!), eine riesige Palette an wöchentlich und monatlich erscheinenden Heften, speziell für Männer.
Pornofilme werden ebenfalls in erster Linie von Männern goutiert — vor allem jene, die ihnen in Großaufnahme *alles* zeigen.
Was er davon hat, wollen Sie wissen?
Ganz einfach: Wenn er die Großaufnahme einer Vagina vor sich sieht, stellt er sich vor, daß es *sein* Penis ist, dem sie sich so bereitwillig darbietet.
Sind, wie in Fotoromanen, nicht nur Frauen, sondern auch Männer im Spiel, identifiziert er sich automatisch mit dem superbestückten Deckhengst, den er da sieht.
Porno-Pionier Alan Vydra, Exil-Tscheche in Hamburg und Regisseur unzähliger Beate-Uhse-Filmproduktionen (für die alljährlich 15 Millionen Eintrittskarten verkauft werden!), erklärte einmal dem Nachrichtenmagazin DER SPIEGEL:
Was der Zuschauer braucht, »ist die Frau und der Schwanz, am besten so, daß er sich sagen kann: Das ist mein eigener«.

Wenn Ihr Mann sich also Pornohefte anschaut: Lassen Sie ihn!
Sein Problem ist nämlich nicht, daß er Probleme mit *Ihrer* Attraktivität hätte, sondern er hat vielmehr Probleme mit der Attraktivität seines Geschlechtsorgans.
Die Ursache dafür liegt mal wieder in seiner Kindheit — wo sonst — begraben:

Die meisten Knaben wachsen mit ernsthaften Zweifeln an der Attraktivität ihres Gliedes auf — wie Mädchen, um fair zu sein, mit Zweifeln an der Attraktivität ihres Busens, ihrer Beine, ihrer Hüften groß werden.
Im Klartext: Er weiß nicht, ob Größe und Form stimmen — und ob sein Penis dazu geeignet ist, einer Frau nicht nur zu gefallen, sondern sie auch in den Siebenten Himmel zu befördern.
Manche Männer kommen dann zu irgendeinem Zeitpunkt ihrer späten Jugend oder ihres frühen Erwachsenenalters über diese Zweifel hinweg — andere nie.

Weshalb er immer noch Schmuddelhefte in seiner Schreibtischschublade oder in der hintersten Ecke unter dem Bett versteckt — *obwohl* Sie sich nicht scheuen, ihm immer wieder zu sagen, wie einmalig (das stimmt schließlich immer!) sein Schwanz ist?
Auch dafür gibt es eine einfache Erklärung: Was Hänschen nicht begriffen hat, begreift Hans nimmermehr. Obwohl »das Lob seines Schwanzes« ihn natürlich immer mehr auf die Frau fixiert, die ihn lobpreist.
Schon *darum* sollten Sie nicht aufhören (oder anfangen) damit, ihm immer wieder nicht nur die »Einmaligkeit« seines Geschlechtsorgans *glaubhaft* zu versichern, sondern ihn auch dessen Schönheit, Größe und Geschicklichkeit zu vergewissern.

Bevor ich das Thema »Pornographie« beende, noch schnell ein Wort zu Kontaktmagazinen:
Soll mir noch einmal einer etwas über die »Soliden« (Frauen in diesem Fall!) erzählen! So dumm, wie sich ganz normale Hausfrauen — unentgeltlich — als Sexobjekte anpreisen, böte sich keine Hure an. Nicht für alles Geld der Welt!

Rasur

Sollten Sie dann und wann in Ihrer Tageszeitung die Annoncen diverser »Modelle« lesen, sprich Huren, die in einem Privat-Appartement arbeiten, haben Sie sich vielleicht schon darüber gewundert, weshalb vor manchen Anzeigen groß und in Fettdruck »RAS« steht.

Sie brauchen nicht länger darüber nachzugrübeln, ich sage es Ihnen. »RAS« ist die Abkürzung für »rasiert« — und auch das ist etwas, was unheimlich viele Männer mögen:

Erstens, so argumentieren sie, können Sie bei einer im Genitalbereich rasierten Frau »alles besser sehen«. Das leuchtet ein.

Zweitens, so sagen sie, verhindere eine Schamhaarrasur, daß sie beim Cunnilingus Haare in den Mund bekämen. Auch das ergibt Sinn.

Drittens, aber das gibt natürlich keiner zu, hat eine rasierte Frau — zumindest dort, wo sie rasiert ist — einen Hauch von »Lolita«. Ist sie — dort — »kleines Mädchen«. Kann er sich in ihrer »Unschuld« sonnen — und sie ihr schnell nehmen.

Das also sind die Hintergründe für diese Faszination.

Gute Gründe, sich nicht zu rasieren, gibt es keine. (Es sei denn, er steht auf Behaarung — das ist die andere Seite der Medaille!)

Gute Gründe, sich zu rasieren, gibt es drei:

1. Sie fühlen sich unwohl, wenn Sie Ihren Badeanzug oder Bikini tragen — und wenn dort links und rechts am Schritt riesige Schamhaarbüschel hervorquellen.
2. Er hat Sie bereits darum gebeten.
3. Sie wollen ganz einfach mal ausprobieren, ob Sie ihm — ungefragt — damit eine Freude machen können.

Wie Sie in welchem Fall handeln, erkläre ich Ihnen selbstverständlich an dieser Stelle auch noch.

1. Wenn es Ihnen rein um den Anblick geht, den Sie im Badeanzug oder Bikini bieten: Weg mit den Haaren, dort, wo sie stören.
Sollte er ein »Schamhaarfanatiker« sein, bereiten Sie ihm auf diese Weise zwar keine Freude, dafür aber *Vor*freude. Darauf nämlich, daß die Haare ganz schnell wieder nachwachsen!
2. Hat er Sie bereits darum gebeten, ohne, daß Sie sich bislang dazu entschließen konnten: Geben Sie sich einen Ruck — und überraschen Sie ihn mit einer Schamhaarrasur.
Weshalb ich Ihnen, an dieser Stelle, ausnahmsweise aber dafür ausdrücklich dazu rate, sich mal »einen Ruck« zu geben?
Weil Sie bei dieser Angelegenheit absolut nichts zu verlieren haben, sondern nur zu gewinnen.
Zu verlieren haben Sie nichts, weil Schamhaare ebenso schnell wieder nachwachsen, wie Achselhaare. Zu gewinnen haben Sie einen Mann, der sich Ihrer »Kleinen« besonders zugeneigt zeigen und sie per Cunnilingus königlich verwöhnen wird.
Sollten Sie sich »dumm« vorkommen, ihn mit einer Schamhaarrasur überraschen zu wollen, drücken Sie ihm eines schönen Abends oder Tages sein Rasierzeug in die Hand und erklären Sie ihm, Sie hätten es sich überlegt...
3. Um herauszubekommen, ob Sie ihm mit dieser Art von Abwechslung imponieren können, beziehen Sie ihn von Anfang an mit ein.
Sie können sich ganz einfach eines Tages — wenn Sie beide Zeit haben —, mit ihm zusammen im Badezimmer aufhalten und — ihn um sein Rasierzeug bitten.
Nicht für die Achseln, denn dafür haben Sie Haarentfer-

nungscreme, sondern weil der (neue oder alte) Badeanzug so hoch geschnitten ist.

Wenn ihn der Gedanke, daß Sie rasiert sein könnten, sehr, sehr reizt, wird er sofort Kamm und Bürste aus der Hand legen, und seine gesamte Konzentration Ihrem Tun widmen — oder aber er wird vorschlagen, Ihnen dabei behilflich zu sein.

Äußert er sich negativ, lassen Sie die Sache natürlich bleiben.

Äußert er sich gar nicht — dann tut er das aller Wahrscheinlichkeit nach deshalb nicht, weil er zu schüchtern ist, damit herauszurücken, daß ihm Ihre Idee gefallen könnte — wenngleich aus einem völlig anderen »Grund«, als Sie ihn (vorgegeben!) haben.

Beziehen Sie ihn also mit ein:

Lassen Sie sich von ihm erst helfen, die Seitenhaare zu entfernen. Kavalier, der er ist, wird er das gern tun.

Ermuntern Sie ihn, Ihnen eine hübsche Schamhaarfrisur zu verpassen. Mann, der er ist, wird er das liebend gerne tun.

Stoppen Sie ihn nicht, wenn er Sie völlig glatt rasiert. Warten Sie lieber (*ruhig!*) ab, bis er die Rasur zu Ende geführt hat — um ihn augenblicklich danach zu verführen. Erregt, wie er mittlerweile ist, dürfte das kein Problem für Sie darstellen!

Bevor ich es vergesse: Obwohl Sie die Wahl haben, kann ich Ihnen die Qual der Wahl ersparen. Das heißt:

Eine Naßrasur ist günstiger als eine Trockenrasur.

Der Grund: In elektrischen Rasierapparaten können sich die langen Schamhaare schnell verfangen und bös ziepen.

Dazu kommt: Bei einer Naßrasur kann man(n oder Frau) in diesem Fall sehr viel gezielter vorgehen. Mit mehr Liebe — und mehr Möglichkeiten — zum Detail.

Wasserspiele

Die sexualwissenschaftliche Bezeichnung für »Wasserspiele« lautet »Urolagnie«. Im Branchenjargon werden sie auch »Goldene Dusche« und — in besonderer Form — »Natursekt« genannt.
In engem Zusammenhang damit steht die sogenannte »Koprophilie«, beziehungsweise »Kaviar«.
Falls Sie Kapitel XVI aufmerksam gelesen haben, wissen Sie, worum es hier geht. Falls Sie Ihr Wissen bereits wieder verdrängt haben, hier die Wiederholung dessen, mit welcher Art von Perversion wir (in erster Linie!) es hier zu tun haben:
Ein Mann, der »Wasserspiele« verlangt, will, daß die Partnerin über ihm Wasser läßt — oder er will selbst über der Partnerin Wasser lassen.
Meistens ist es jedoch so, daß er den passiven Part übernimmt. Denn während seine Partnerin über ihm uriniert, kommt er zum Orgasmus. (Was er, Sie erinnern sich an Kapitel XIII, nicht könnte, wäre *er* der aktive Teil.)
Was die zu Beginn dieses Stichworts erwähnte »Koprophilie« angeht, schlagen Sie bitte zurück auf Seite 112. Ich mag nicht immer alles doppelt und dreifach erklären müssen.
Daß für diese — wie alle anderen — abnormen Sexualhandlungen die Ursache in der Kindheit liegt, konnten Sie in den Kapiteln XVI und XXIII ebenfalls bereits lesen.

Unabhängig davon, wie sehr Sie »Wasserspiele« — oder auch nur den Gedanken daran — ablehnen: Männer sind an dieser Art der sexuellen Abweichung zwanzigmal mehr interessiert, als Frauen.
Umgerechnet heißt das: Auf einhundert Frauen, die Urolagnie für widerlich und daher undurchführbar halten, kommen zwanzig Männer, die sie höchst erotisch finden.

Daraus folgt: In der Herbertstraße ist der Wunsch nach einer »Goldenen Dusche« nicht gerade eine Seltenheit — und das Verlangen nach »Natursekt« auch nicht (wobei Sie mir, was letzteres betrifft, die Einzelheiten bitte ersparen. So erbaulich sind sie nämlich — auch für Sie — nicht!).

Woran Sie erkennen können, ob Ihr Partner einen Hang zu Wasserspielen hat?
Ganz einfach: Er wird des öfteren immer dann — versehentlich, natürlich — in die Toilette stürmen, wenn *Sie* gerade dort sind. Oder sich — ebenfalls aus heiterem Himmel — *von Ihnen* in der Toilette überraschen lassen.

Sollten Sie nun glauben, es sei immer noch besser, *Sie* gäben ihm, was er braucht, als daß er eine meiner Kolleginnen oder mich teuer dafür bezahlte, so haben Sie recht:
Es tut nicht weh.
Körperlich.
Sollten Sie weiterhin der Ansicht sein, daß Sie die Angelegenheit dahingehend rationalisieren können, daß auch Ihre Seele keine Schrammen davon kriegt: Tun Sie, was Sie nicht lassen können. In seinem Beisein. Hautnah.
Der Vorteil, den *Sie* zugegebenermaßen uns gegenüber haben:
Sie besitzen eine Dusche. Wir zu Hause natürlich auch — aber in der Herbertstraße nicht.
Damit können Sie Wasserspiele dort betreiben, wo sie am wenigsten auffallen — im Bad —, während wir uns mit der Reinigung von Gummilaken und Fußböden abplagen müssen — denn »akut anfallende« Reinigungsarbeiten wie diese erledigt die Wirtschafterin *nicht*. Da müssen wir uns schon selbst bemühen.

* * *

Damit wäre nun so ziemlich alles gesagt, was es zum Thema zu sagen gibt. Was immer ich nicht erwähnt habe, brauchen Sie noch weniger zu wissen, als manch anderes, worüber Sie innerhalb dieses Buches gestolpert sind. Weil es Ihrer Beziehung und vor allem Ihnen noch weniger brächte, als uns: nämlich nicht mal eine müde Mark.

Um Sie jedoch nicht unbedingt mit dem Gedanken an fußbodenschrubbende Huren aus meiner Obhut zu entlassen, blättern Sie noch einmal eine Seite weiter.
Und lesen Sie das *Nachwort*.
Ich habe es nämlich nicht für die Katz' geschrieben, sondern *für Sie*!

NACHWORT

Um die Fronten endgültig zu klären

Durch so viele Seiten haben Sie sich nun gelesen — nur um herauszufinden, warum Männer in den Puff gehen, sprich: Was Huren besser können könnten als »solide Frauen«.
Sollten Sie die Antwort auf Ihre Frage *über*lesen haben, hier ist sie noch einmal, klipp und klar:
Gar nichts können Huren besser als Sie — wenn wir von wirklich abartigen sexuellen Praktiken einmal absehen — und die können *nur* wir! Weil wir ihn ganz kühl und berechnend ein- und abschätzen können. Denn — im Gegensatz zu Ihnen — haben wir keinerlei gefühlsmäßige Bindung an den Mann, der bei uns die irrwitzigste sexuelle Befriedigung sucht — und findet.
Wehe allerdings, wenn Amor eine von uns erwischt! Dann sind wir prüder, als jede andere — damit er bloß nicht annehmen könnte, wir zögen mit ihm die Nummer aus dem Puff ab!
Das heißt: Was die Sexualität im Privatleben angeht, ist *Ihr* Mann mit Ihnen hunderttausendmal besser dran als er es — privat — mit einer von uns wäre:
Denn wenn Sie mit einer der Überraschungen für ihn aufwarten, die Sie in diesem Buch gefunden haben, *weiß* er, was dahintersteckt: Ihre Liebe zu und Ihre Lust an ihm.
Binden wir hingegen beispielsweise »privat« einem Mann die Hoden ab, *glaubt* er zu wissen, was dahintersteckt: ein professioneller Handgriff, getätigt aus Gedankenlosigkeit.

Apropos Überraschungen: Um Ihnen eine *unangenehme* zu ersparen, sollten Sie bitte nicht alles hintereinander ausprobieren, was Sie in diesem Buch für sich entdeckt haben. Sonst kann es Ihnen nämlich passieren, daß er bei dem Gedanken an den Feierabend — und damit an *Sie* — keine freudige Erregung verspürt, sondern unerfreulichen Streß. Und lieber in die Eckkneipe geht und dort ein Bier trinkt, weil er Horror davor hat, was Sie sich *nun* schon wieder für ihn ausgedacht haben...!
Andere Tricks als die, die ich Ihnen in diesem Buch verraten habe, haben wir übrigens auch nicht. Keine, die *ihn* betreffen, jedenfalls — sondern uns. Und mit denen können Sie nicht viel anfangen — es sei denn, Sie legten gesteigerten Wert darauf, daß Ihr Mann *Sie* kaum, *sich selbst* dafür aber um so zielstrebiger anfaßt.
Na *bitte*!

Sind Sie nun beruhigt?
Und überhaupt: Hatten Sie wirklich und allen Ernstes erwartet, wir alle täten nichts lieber, als den lieben, langen Tag (oder die liebe, lange Nacht) mit einem fremden Mann nach dem anderen ins Bett zu steigen?
Wenn das *so* wäre, würden wir kein Geld dafür nehmen — und das nehmen wir. Und geben es auch nicht mit ihm zusammen, geschweige denn *für* ihn wieder aus — so wie Sie das wahrscheinlich tun werden, falls Sie sich dazu entschließen, für eine Nacht lang die Hure zu spielen.

Was *wir* und Ihr Mann gemeinsam haben, ist *nichts*.
Was *Sie* und Ihr Mann gemeinsam haben, ist *alles*.
Vergessen Sie das nicht!

                                                 Herzlichst
                                                 Ihre

                                                 Domenica

Aus der Beziehungskiste

(84077)

(84063)

(84076)

(84080)

(7858)